全国职业院校课程改革规划新教材

现代汽车推介

（第二版）

张红伟　贾忠秋　主　编
　　　　王绍乾　副主编

人民交通出版社股份有限公司
China Communications Press Co.,Ltd.

内 容 提 要

本书是全国职业院校课程改革规划新教材之一,主要内容包括:汽车推介概述,汽车分类和识别,购车消费分析,主流车系介绍与特点分析,汽车技术参数、性能与配置,汽车装饰与个性和汽车推介技巧。

本书可作为职业院校汽车整车与配件营销专业、汽车商务专业的教学用书,也可用于汽车经销店、汽车贸易企业员工培训使用。

图书在版编目(CIP)数据

现代汽车推介/张红伟,贾忠秋主编.—2版.—北京:人民交通出版社股份有限公司,2016.9
全国职业院校课程改革规划新教材
ISBN 978-7-114-13283-4

Ⅰ.①现… Ⅱ.①张… ②贾… Ⅲ.①汽车—市场营销学—职业教育—教材 Ⅳ.①F766

中国版本图书馆 CIP 数据核字(2016)第 194828 号

书　　名:	现代汽车推介(第二版)
著 作 者:	张红伟　贾忠秋
责任编辑:	时　旭
出版发行:	人民交通出版社股份有限公司
地　　址:	(100011)北京市朝阳区安定门外外馆斜街 3 号
网　　址:	http://www.ccpress.com.cn
销售电话:	(010)59757973
总 经 销:	人民交通出版社股份有限公司发行部
经　　销:	各地新华书店
印　　刷:	北京市密东印刷有限公司
开　　本:	787×1092　1/16
印　　张:	10.75
字　　数:	257 千
版　　次:	2004 年 9 月　第 1 版 2016 年 9 月　第 2 版
印　　次:	2016 年 9 月　第 2 版　第 1 次印刷　总第 9 次印刷
书　　号:	ISBN 978-7-114-13283-4
定　　价:	25.00 元

(有印刷、装订质量问题的图书由本公司负责调换)

第二版前言

近年来，我国汽车生产量和销售量迅速增长。据统计，2015年我国汽车产销量均超过2450万辆，创全球历史新高，并连续七年蝉联全球第一。我国汽车市场已经彻底由卖方市场转化为买方市场。在现阶段和未来，汽车的销售比汽车制造更加重要也更加困难，对汽车商务人才的需求也不断增加。汽车作为大件耐用消费品，其市场推广和营销方法不同于其他生活消费品，要求汽车营销人员掌握汽车营销、售后服务等各方面的知识。

本套全国职业院校课程改革规划新教材，作为汽车整车与配件营销专业、汽车商务专业的教学用书，自出版以来受到广大职业院校师生的好评。为了更好地适应汽车行业的快速发展，满足市场对汽车营销和销售服务人才的高要求，人民交通出版社股份有限公司组织相关专家、老师对本套教材进行了修订。本次修订力求与汽车营销的实际工作相结合，注重对学生技能的培养，以帮助学生尽快适应高难度、高技术、高技巧、高专业化的汽车营销岗位。

《现代汽车推介（第二版）》具有以下特点：

（1）汽车相关的知识广、内容新。教材内容涉及汽车技术性能、营销、售后服务等各方面的知识，介绍目前主流车型的技术、性能、特点，视角独特、实用性强，便于汽车营销人员销售汽车，也便于顾客选购汽车。

（2）教材在编写体例上，每个单元都包含学习目标、单元小结、思考与练习，教材内容由浅入深、理论联系实际，符合学生的学习和认知规律，使学生毕业时即具备了汽车营销推介的能力。

（3）教材图文并茂，通俗易懂。教材采用图表说明问题，文字简洁流畅，体例生动，便于学习掌握。

本书由广州科技贸易职业学院张红伟、贾忠秋担任主编，山东交通技师学院王绍乾担任副主编，参加编写工作的还有辽宁交通高等专科学校宋孟辉。全书由张红伟负责统稿，由吉林大学交通学院任有担任主审。

在教材编写的过程中，我们参阅了大量的文献资料，在此，对这些文献资料的作者表示诚挚的感谢！广物汽贸股份有限公司对本书的编写提供了大力帮助和支持，在此一并感谢！

限于编者的水平，书中难免有不妥之处，敬请广大读者批评指正。

编　者
2016年6月

目 录

单元一　汽车推介概述 … 1
　　一、汽车推介的定义 … 1
　　二、汽车推介的原则 … 2
　　三、汽车推介的五个阶段 … 4
　　单元小结 … 5
　　思考与练习 … 6

单元二　汽车分类与识别 … 7
　　一、汽车分类、分级 … 7
　　二、汽车产品型号 … 17
　　三、车辆识别码 … 19
　　单元小结 … 26
　　技能训练 … 26
　　思考与练习 … 27

单元三　购车消费分析 … 29
　　一、购车阶层分析 … 29
　　二、购车动机与购车行为分析 … 30
　　单元小结 … 35
　　思考与练习 … 35

单元四　主流车系介绍与特点分析 … 36
　　一、德系车介绍 … 36
　　二、美系车介绍 … 56
　　三、日系车介绍 … 66
　　四、韩系车介绍 … 73
　　五、法系车介绍 … 76
　　六、我国自主品牌车介绍 … 80
　　单元小结 … 85
　　技能训练 … 86
　　思考与练习 … 86

单元五 汽车技术参数、性能与配置 ... 88
一、汽车技术参数与性能 ... 88
二、汽车配置 ... 106
单元小结 ... 116
技能训练 ... 116
思考与练习 ... 117

单元六 汽车装饰与个性 ... 118
一、汽车外部装饰 ... 118
二、汽车内部装饰 ... 124
三、汽车精品装饰 ... 127
单元小结 ... 133
技能训练 ... 133
思考与练习 ... 134

单元七 汽车推介技巧 ... 135
一、汽车推介流程 ... 135
二、汽车推介会 ... 153
单元小结 ... 162
技能训练 ... 162
思考与练习 ... 162

参考文献 ... 164

单元一　汽车推介概述

学习目标

1. 能够说出汽车推介的定义和基本要素；
2. 能够说出汽车营销人员具备的基本素质；
3. 能够说出汽车推介的五个阶段。

一、汽车推介的定义

(一)汽车推介的定义

汽车推介是指汽车营销人员用通俗的语言,专业地向客户推荐、介绍汽车或相关产品,激起客户的购买欲望,让客户买到心仪的产品。

汽车推介的三个基本要素如下。

1. 销售顾问

在汽车推介过程中,销售顾问要做到：

(1)让客户感到激动兴奋,确信找到了自己心仪的车辆；

(2)拥有超过客户期望的产品知识,在竞争品牌比较方面出乎客户的期望,确保客户欣喜；

(3)针对客户的需求和利益,用通俗易懂的语言专业地介绍产品,激起客户的购买欲望；

(4)通过产品介绍,体现产品自身及带给客户的价值。

2. 客户

在汽车推介过程中,客户对销售顾问的期望包括：

(1)熟悉车辆专业知识、了解附件产品,根据客户的需求系统有序地介绍整车和附件产品；

(2)能使用通俗易懂的语言详细地介绍产品和竞争品牌配置、优点和客户利益,回答客户的问题；

(3)了解竞争品牌/车型,公正评价竞争对手,不使用诋毁性的语言；

(4)专心接待客户,即使客户没有做出购买的决定；

(5)礼貌友善,态度真诚；

(6)展厅车辆排列整齐有序,有客户喜欢的车型；

(7)主动提供试乘试驾。

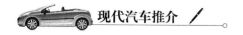

3.汽车及相关产品

在汽车推介前应做好展车及相关产品的准备,包括:

(1)所有展车须通过PDI检查,以保证车况及所有设备/设施可用;

注:PDI(Pre Delivery Inspection)是指车辆交车前检查,主要包括内外部环车目检、发动机舱内检查、车内操作与控制检查、路试及车辆交接5个部分。

(2)展车摆放时应考虑到颜色和主题层次(如新品上市、热卖车型、促销车型),尽可能做到款式齐全;

(3)主展台上摆放主推车型,建议为最高配置;

(4)展车应干净整洁、配件齐全、门锁开启。

(二)汽车推介的内容

1.六方位产品介绍(包括展车及所配装饰类附件)

六方位产品介绍包括:车辆左前部介绍、发动机舱介绍、乘客侧介绍、车辆后部介绍、后排座椅介绍和前排座椅介绍。

2.介绍产品亮点

(1)介绍产品亮点时,不要只停留在列举产品数据。

(2)介绍产品符合特定的客户需求,在产品与客户之间建立情感联系。

(3)清晰地介绍配置、优点。

3.解决客户疑问

(1)客户表示疑问或异议是一个向其介绍更多信息的机会。

(2)在回应前倾听客户意见。

4.应对竞品质疑

(1)大多数客户都会关注不止一个品牌,所以必须要了解竞争对手。

(2)了解竞争对手的车辆配置和操作能更清晰地解释所推介车辆的优点,给出客户购买该车的理由。

二、汽车推介的原则

(一)汽车营销人员应具备的素质

要做好汽车推介,汽车营销人员要做到"六懂"。

1.懂汽车

要掌握汽车构造、基本原理、技术参数与性能。具体包括:

(1)掌握产品定位、所有卖点、配置、技术指标、奖项等知识;

(2)熟练掌握产品相对于竞争品牌的独特技术特点,并组织好相关话术;

(3)了解竞争对手的技术特点、相关信息,并针对竞争对手卖点组织好相关话术,做到知己知彼。

2.懂市场

要掌握汽车行业背景、市场大局与市场动态。具体包括:

(1) 了解本品牌汽车的历史、理念和品牌背景优势;
(2) 了解汽车产业状况、行业趋势及国家政策和地方政策;
(3) 了解汽车的产业状况、产业趋势。

3. 懂营销

要掌握和恰当地运用市场营销的精髓。具体包括:
(1) 掌握营销的各环节,如市场调研、市场推广、品牌策划、销售、客户服务等;
(2) 能够改变传统的市场营销方式,建立新的销售模式。

4. 懂销售

要掌握销售流程、销售话术与销售技巧。具体包括:
(1) 掌握销售话术运用原理;
(2) 熟练运用主顾开拓话术、销售成交话术、故事销售话术等技巧。

5. 懂服务

要掌握销售过程服务与售后服务方法。具体包括:
(1) 掌握售后服务的基本流程、要点、注意事项;
(2) 了解销售服务店在本地的优势、特点,知道销售服务店在当地所处的地理位置;
(3) 了解销售服务店的银行开户账号、售后服务电话和24h救援热线。

6. 懂客户

要掌握客户心态、消费心理与决策方式。具体包括:
(1) 了解客户的消费心理,如求利心理、求新心理、求是心理、求名心理等;
(2) 了解客户的购买需求、购买兴趣、购买动机、购买决策。

除了"六懂",汽车营销人员还应具有基本的日常礼仪和商务礼仪素养。汽车推介作为一种商务活动,在此期间营销人员需要注意一定的商务礼仪,这不仅可以表现出公司的文化水平和管理境界,更重要的是可以帮助营销人员给客户留下深刻、美好的印象,让客户感受到营销人员的个人修养和专业素质,增强客户的信任感。

注:在汽车4S店,一般称汽车营销人员为"汽车销售顾问"。总结来说,"汽车销售顾问"要具有"汽车"的知识、"销售"的技能和"顾问"的态度。

(二) 汽车推介的原则

做好汽车推介,首先要说明商品车辆的"卖点、特色、配置"(F-Feature)等事实情况;其次将这些事实加以解释说明,并辅以点评阐述它的好处及可以带给顾客的利益(B-Benefit);最后给顾客以观念上的冲击(I-Impact),进而使顾客产生购买动机,即要遵循FBI原则。

1. F——Feature

F(Feature)是特色、卖点,指所销售车辆的独特设计、配置、性能特征,也可以是材料、颜色、规格等用眼睛可以观察到的事实状况。

2. B——Benefit

B(Benefit)是利益、好处。针对销售车辆的特色、卖点,销售人员应言简意赅地将其工作原理等加以介绍,进而指出这些会给顾客带来什么好处。

3. I——Impact

I(Impact)是冲击、影响。销售人员对每个卖点的介绍都应力求在顾客的脑海里产生一

个观念上的冲击！当每一个卖点都能给顾客一次冲击,点点滴滴的理由汇集起来就容易转化为顾客购买的理由,继而产生购买行为。

FBI原则也可以称之为"寓教于售"的原则。顾客需要在由潜在顾客转变为真实车主的过程中不断学习,达到与所选择车辆的生产者(汽车厂家)、销售者(汽车销售商)对车辆认识的统一;而销售人员在整个介绍过程中应让顾客感到其销售的不仅仅是一辆车,而且还为顾客提供了一种崭新的观念、一个成熟想法、一套合理的方案。

三、汽车推介的五个阶段

(一)推介自己

推介自己主要包括两个方面的内容,一是自我介绍,二是寒暄,创造一种平和、友好的气氛,便于推介工作的进一步深入和拓展。

1. 自我介绍

自我介绍时要说明以下几点:

(1)自己的姓名、职务;

(2)自己公司的名称、主营业务;

(3)自己的主要职责;

(4)自己能给客户提供的帮助。

2. 寒暄

寒暄应该友好而简短,你的形象和微笑应该有利于创造一种友好的气氛。密切注意观察你未来的客户。买与不买的感觉通常是很明显的。好的感觉很容易让你做成了一笔销售业务。但另一方面,客户可能对此根本不感兴趣。他/她或许要么是持非常消极的态度,要么是根本不听你在说些什么。

(二)推介汽车产品的使用价值

要根据客户的购买愿望和需求,向客户推介不同汽车产品的使用价值。购车的客户分成几种动机和需求:

一是以车代步,方便上下班,这是许多人最基本的购车动机,应重点推介经济型小排量车的代步功能;

二是自驾旅游,提高生活质量,应重点推介旅行车、SUV的城市越野功能;

三是跑长途或野外行驶,应重点推介四驱越野车、皮卡的通过性能、动力足;

四是商务公务用车,应重点推介外观大气、稳重的中高档轿车、MPV。

(三)推介汽车产品

汽车产品推介包括两个方面内容:一是六方位汽车介绍;二是汽车性能介绍。

1. 六方位汽车介绍

六方位汽车介绍是一个比较规范化的汽车产品展示流程。最早由奔驰汽车所应用,后来被日本丰田汽车的雷克萨斯品牌采用并进一步完善。作为一名优秀的汽车销售人员,必须熟练掌握六方位绕车介绍法。

2. 汽车性能介绍

汽车销售人员根据汽车经销商的各种可供选择的车型和客户的需求,向客户介绍汽车的特点。在介绍的过程中,要重点强调汽车的安全、舒适、可靠、高科技运用方面的独到之处,强调整车的造型、优质的材料、精心设计的空间、舒适周到的配置和持久的经济效益等。

(四)推介售后服务

售后服务本身也是一种营销手段,为了让客户购车后能够放心使用,还应有针对性地向客户介绍售后服务理念、相关政策。如售前的PDI检查,定期维护的关爱提醒,标准、规范的售后服务体系、符合或优于国家规定的保修期、布局合理的售后服务厂商等。

(五)形成客户网络

目前主要是以"车友会"的形式进行客户关系管理和形成客户网络,通过对客户全生命周期的有效维系,降低客户流失率,提升客户终生价值,从而实现品牌利润最大化。图1-1所示为某品牌汽车客户关系管理和形成客户网络的示意图。

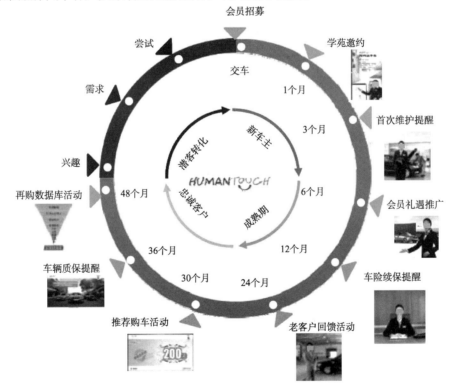

图1-1 某品牌汽车客户关系管理和形成客户网络的示意图

单元小结

本单元对汽车推介的概念、原则、内容、环节(阶段)做了基本介绍,为汽车推介具体内容的进一步学习打下基础。

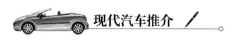

思考与练习

(一)填空题

1. 汽车推介的三要素包括销售顾问、（　　　　）和汽车及相关产品。
2. 汽车营销人员要做到"六懂"，包括懂汽车、懂市场、懂营销、（　　　　）、（　　　　）和（　　　　）。
3. 售后服务本身也是一种（　　　　）手段，可以让客户购车后解除后顾之忧。
4. 自我介绍时要说明自己的姓名、职务和（　　　　）。

(二)判断题

1. 汽车六方位介绍包括车辆左前部介绍、车辆前部介绍、乘客侧介绍、车辆后部介绍、后排座椅介绍和前排座椅介绍。（　　）
2. 除了"六懂"，汽车营销人员还应具有基本的日常礼仪和商务礼仪素养。（　　）
3. 目前"车友会"是进行客户关系管理和形成客户网络的主要形式。（　　）
4. 推介汽车产品时，汽车性能介绍也是很重要的一个方面。（　　）

(三)简答题

1. 简述汽车推介的定义。
2. 简述如何根据客户购车的不同动机和需求，推介相应的汽车使用价值。

单元二　汽车分类与识别

 学习目标

1. 能够说出国产汽车及典型国外汽车分类、分级标准；
2. 能够说出我国汽车产品型号编制规则；
3. 能够在车辆上找出至少两个位置的车辆识别码，并说明车辆识别码的基本信息。

一、汽车分类、分级

(一)我国汽车分类、分级

我国国家标准《汽车和挂车类型的术语和定义》(GB/T 3730.1—2001)规定，汽车分为乘用车和商用车，商用车主要包括客车和货车。

1. 乘用车

乘用车是用于载运乘客及其随身行李和/或临时物品的汽车，包括驾驶人座位在内最多不超过9个座位。

乘用车又分为基本型乘用车(轿车)、多功能车(MPV)、运动型多用途车(SUV)和交叉型乘用车四类。

(1)基本型乘用车(轿车)。在我国汽车分类旧标准(GB/T 3730.1—1988)中，对轿车按照发动机排量进行了分级，具体情况及典型车型见表2-1，典型车型图例如图2-1～图2-5所示。

我国轿车分级标准及典型车型　　　　　　表2-1

轿车分级	轿车分级标准	典型车型
微型轿车	发动机排量≤1.0L	长安奥拓、奇瑞QQ、比亚迪F0、丰田雅力士、本田飞度、日产玛驰、Smart
普通级轿车	1.0L＜发动机排量≤1.6L	比亚迪F3、广汽传祺GA3、丰田卡罗拉、本田思域、日产阳光、大众高尔夫、福特福克斯
中级轿车	1.6L＜发动机排量≤2.5L	比亚迪G6、丰田凯美瑞、本田雅阁、日产天籁、大众迈腾/帕萨特、福特蒙迪欧
中高级轿车	2.5L＜发动机排量≤4L	一汽红旗H7、丰田皇冠、日产风雅、沃尔沃S80、克莱斯勒300C、福特金牛座
高级轿车	发动机排量＞4L	一汽红旗L5、迈巴赫、劳斯莱斯、宾利

a) 奇瑞QQ

b) 本田飞度

图 2-1　典型微型轿车

a) 传祺GA3

b) 丰田卡罗拉

图 2-2　典型普通级轿车

a) 比亚迪G6

b) 本田雅阁

图 2-3　典型中级轿车

注：民间经常采用以价格为主、技术规格为辅的方法对轿车分级：10万元以下为经济型或入门级轿车、10万~15万元为普通级轿车、15万~20万元为中级轿车、20万元以上为中高级轿车。

a) 一汽红旗H7

b) 克莱斯勒300C

图 2-4　典型中高级轿车

a) 一汽红旗L5

b) 劳斯莱斯幻影

图 2-5　典型高级轿车

（2）多功能车（MPV），也称多用途车，英文简称 MPV（Multi-Purpose Vehicle）。从源头上讲，MPV 是从旅行轿车逐渐演变而来的，它集旅行车宽大乘员空间、轿车的舒适性和厢式货车的功能于一身，一般为二厢式结构。我国国家标准对 MPV 并未进行明确的分级。典型的 MPV 包括：上汽通用五菱宝骏 730、比亚迪 M6、江淮瑞风 M3、丰田逸致、丰田普瑞维亚、本田奥德赛、日产 NV200、大众途安、别克 GL8 等，部分车型如图 2-6 所示。

a) 宝骏730

b) 丰田普瑞维亚

图　2-6

c)大众途安

d)别克GL8

图 2-6　典型 MPV

（3）运动型多用途车（SUV），也称运动型多功能车，英文简称 SUV（Sports Utility Vehicle）。SUV 一般指那些以轿车平台为基础、在一定程度上既具有轿车的舒适性，又具有一定越野性的车型。我国国家标准对 SUV 并未进行明确的分级，但汽车行业参考国外标准，一般把 SUV 分为小型、紧凑型、中型、中大型、大型五个级别，分级标准及典型 SUV 见表 2-2，典型 SUV 图例如图 2-7～图 2-11 所示。

表 2-2　SUV 分级标准及典型 SUV

SUV 分级	SUV 分级标准	典型 SUV
小型 SUV	车辆长度≤4200mm 轴距≤2500mm	奇瑞瑞虎 3、长城哈弗 H1、长城 M4、长安 CS35、本田 XR-V、日产逍客、马自达 CX-3、现代 ix25、别克昂科拉、福特翼博
紧凑型 SUV	4200mm＜车辆长度≤4500mm 2500mm＜轴距≤2700mm	长城哈弗 H6、长安 CS75、奇瑞瑞虎 5、广汽传祺 GS4、丰田 RAV4、本田 CR-V、日产奇骏、马自达 CX-5、现代 ix35、大众途观、福特翼虎、奥迪 Q3、宝马 X1、奔驰 GLA
中型 SUV	4500mm＜车辆长度≤4800mm 2700mm＜轴距≤2900mm	比亚迪 S6、丰田汉兰达、日产楼兰、马自达 CX-7、吉普自由光、奥迪 Q5、宝马 X3、奔驰 GLK、凯迪拉克 SRX、保时捷 Macan、路虎神行者
中大型 SUV	4800mm＜车辆长度≤5000mm 2800mm＜轴距≤3000mm	丰田兰德酷路泽、马自达 CX-9、大众途锐、奥迪 Q7、宝马 X5、奔驰 M 级、保时捷卡宴、路虎揽胜
大型 SUV	车辆长度＞5000mm 轴距＞3000mm	丰田红杉、英菲尼迪 QX80、奔驰 GL 级、凯迪拉克凯雷德、悍马 H2

a)奇瑞瑞虎3

b)现代ix25

图 2-7　典型小型 SUV

a)哈弗H6

b)本田CR-V

图 2-8　典型紧凑型 SUV

a)丰田汉兰达

b)奥迪Q5

图 2-9　典型中型 SUV

a)宝马X5

b)保时捷卡宴

图 2-10　典型中大型 SUV

a)奔驰GL550

b)悍马H2

图 2-11　典型大型 SUV

(4)交叉型乘用车,也称微客,俗称面包车。这种乘用车在农村、二三线城市很受欢迎,既可乘用,又可拉货,因此称为"交叉型",与国外的 CROSS 及 CROSSOVER 车型是不同的。典型的交叉型乘用车包括:北汽威旺、东风小康、长安之星、五菱宏光等,如图 2-12 所示。

a)北汽威旺

b)东风小康

c)长安之星

d)五菱宏光

图 2-12 典型交叉型乘用车

2. 客车

客车是用于载运乘客及其随身行李的商用车辆,包括驾驶人座位在内座位数超过 9 座。国家标准《汽车和挂车类型的术语和定义》(GB/T 3730.1—2001)规定,客车包括:小型客车、城市客车、长途客车、旅游客车、铰接客车、越野客车等。

在我国汽车分类旧标准(GB/T 3730.1—1988)中,对客车按照车辆长度进行了分级,目前仍然广被采用,具体分级标准见表 2-3。

客车分级标准　　　　表 2-3

客车分级	客车分级标准(m)	备 注
微型客车	车辆长度≤3.5	新标准已划入乘用车
轻型客车	3.5 < 车辆长度≤7	新标准的小型客车
中型客车	7 < 车辆长度≤10	新标准的城市客车、长途客车、旅游客车
大型客车	10 < 车辆长度≤12	
特大型客车	铰接式客车:车辆长度 > 12 双层客车:10 < 车辆长度≤12	—

3. 货车

货车是用于载运货物的商用车辆。国家标准《汽车和挂车类型的术语和定义》(GB/T 3730.1—2001)规定,货车包括:普通货车、多用途货车、越野货车等。

多用途货车也称皮卡(Pickup)、轿卡,是一种主要用于载运货物,但也可运载3名以上乘客的货车。

此外,人们根据日常生活和工作中的不同需要,还将货车按以下几种形式进行了分类:

(1)按驾驶室结构分为长头式货车、短头式货车、平头式货车、双排座货车、卧铺式货车、偏置式货车等;

(2)按车厢结构分为栏板式货车、厢式货车、油罐车、自卸车、汽车列车等;

(3)按载质量分为轻型货车(3.5t以下)、中型货车(4~8t)和重型货车(8t以上)。

(二)国外汽车分类、分级

1. 德国汽车分类、分级

德国汽车主要分为轿车、MPV、SUV、跑车、皮卡等。

德国轿车分为A00、A0、A、B、C、D六个级别,具体分级标准及典型车型见表2-4,典型车型图例如图2-13~图2-18所示。

德国轿车分级标准及典型车型　　　　　　　　　　表2-4

德国轿车分级		德国轿车分级标准	典 型 车 型
A00级	微型车	轴距:2.0~2.3m 车身长度:小于4.0m 发动机排量:不超过1.0L	Smart、大众Up!、菲亚特500、雪佛兰Spark、奇瑞QQ、长安奥拓、比亚迪F0、奔奔mini
A0级	小型车	轴距:2.3~2.5m 车身长度:4.0~4.3m 发动机排量:1.0~1.5L	大众波罗、斯柯达晶锐、奥迪A1、丰田雅力士、本田飞度、日产玛驰、起亚K2、现代瑞纳、雪佛兰赛欧、福特嘉年华
A级	紧凑型车	轴距:2.5~2.7m 车身长度:4.2~4.6m 发动机排量:1.5~2.0L	大众高尔夫、大众速腾、大众甲壳虫、斯柯达明锐、奥迪A3、雪铁龙C4、标致308、丰田卡罗拉、本田思域、日产轩逸、马自达3、现代伊兰特、起亚K3、雪佛兰科鲁兹、别克英朗、福特福克斯、沃尔沃S40、比亚迪F3、吉利帝豪EC7、长安逸动、广汽传祺GA3
B级	中型车	轴距:2.7~2.9m 车身长度:4.5~4.9m 发动机排量:1.8~2.4L	大众迈腾/帕萨特、斯柯达昊锐、奥迪A4、宝马3系、奔驰C级、雪铁龙C5、标致508、丰田凯美瑞、本田雅阁、日产天籁、马自达6、现代索纳塔、起亚K5、雪佛兰迈锐宝、别克君越、福特蒙迪欧、沃尔沃S60、比亚迪G6、广汽传祺GA5
C级	中大型车	轴距:2.8~3.0m 车身长度:4.8~5.0m 发动机排量:2.4~3.0L	奥迪A6、宝马5系、奔驰E级、丰田皇冠、日产风雅、现代捷恩斯、起亚K9、别克荣御、福特金牛座、克莱斯勒300C、沃尔沃S80、一汽红旗H7、广汽传祺GA8
D级	豪华车	轴距:大于3.0m 车身长度:大于5.0m 发动机排量:大于3.0L	大众辉腾、奥迪A8、宝马7系、奔驰S级、捷豹XJ、玛莎拉蒂总裁、雷克萨斯LS、现代雅科仕、保时捷Panamera、迈巴赫、劳斯莱斯、宾利、一汽红旗L5

a)大众Up!

b)Smart fortwo

图 2-13　典型 A00 级轿车

a)大众波罗

b)奥迪A1

图 2-14　典型 A0 级轿车

a)大众高尔夫

b)奥迪A3

图 2-15　典型 A 级轿车

a)大众帕萨特

b)奥迪A4

图 2-16　典型 B 级轿车

a)奥迪A6　　　　　　　　　　　　　　b)宝马5系

图 2-17　典型 C 级轿车

a)大众辉腾　　　　　　　　　　　　　b)奥迪A8

图 2-18　典型 D 级轿车

MPV、SUV 与我国情况类似,不再过多介绍。

跑车一般是双门设计,车身较低、造型流畅,有着比较强烈的运动感,座椅为双座或 2+2 设计,发动机一般为中置或后置。比较典型的跑车包括：大众尚酷、奥迪 TT、宝马 Z4、奔驰 SLK、保时捷 911、法拉利 California、兰博基尼 Aventador、日产 GT-R、福特野马、雪佛兰科迈罗、布加迪威航、阿斯顿马丁 DBS、玛莎拉蒂 GT 等,部分跑车如图 2-19 所示。

a)奥迪TT　　　　　　　　　　　　　　b)奔驰SLK级

图　2-19

c) 日产GT-R

d) 福特野马

e) 布加迪威航

f) 阿斯顿马丁DBS

图 2-19 典型跑车

注：民间经常把跑车分为平民跑车（如现代酷派）、肌肉跑车（如福特野马）、GT 跑车（阿斯顿马丁 DBS）、性能跑车（如日产 GT-R）、超级跑车（如布加迪威航）等。

2. 美国汽车分类、分级

美国汽车分类与德国分类基本一样，只是在轿车分级稍有不同，皮卡分级更加细化。

美国轿车分为微型、小型、中低级、中级、中高级、大型/豪华级六个级别，综合考虑了车型尺寸、排量、装备和售价。

(1) 微型轿车：发动机排量小于 1.0L 的轿车，与我国的微型轿车、德国的 A00 级轿车吻合。

(2) 小型轿车：发动机排量在 1.0～1.3L 的轿车，处于我国普通级轿车的低端。

(3) 中低级轿车：发动机排量在 1.3～1.6L 的轿车，处于我国普通级轿车的高端。

(4) 中级轿车：与德国 B 级轿车的低端基本吻合。

(5) 中高级轿车：涵盖德国 B 级轿车的高端和 C 级轿车的低端。

(6) 大型/豪华级轿车：与我国的高级轿车吻合，涵盖德国 C 级车的高端和 D 级车。

美国皮卡分为小型皮卡、中型皮卡、全尺寸皮卡、重型皮卡四个级别，典型车型如图 2-20 所示。

a)菲亚特Strada(小型皮卡)

b)福特Ranger(中型皮卡)

c)福特F150(全尺寸皮卡)

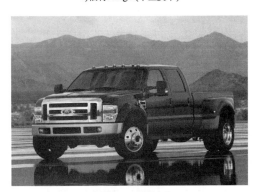
d)福特F450(重型皮卡)

图2-20 皮卡分级

二、汽车产品型号

(一)国家标准

我国国家标准《汽车产品型号编制规则》(GB 9417—1988)规定,我国汽车产品型号用简单的汉语拼音字母和阿拉伯数字编号,包括生产企业名称代号、车辆类别代号、主要参数代号、产品序号和企业自定代号。其基本形式如图2-21所示。

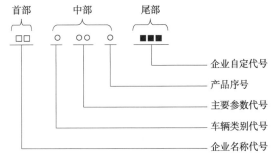

□:用汉语拼音字母/英文字母表示。
○:用阿拉伯数字表示。
■:用汉语拼音字母或阿拉伯数字均可。

图2-21 我国汽车产品型号的组成

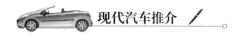

1.首部

首部是企业名称代号,由2个或3个汉语拼音字母/英文字母组成,是识别企业名称的代号。例如:FV表示一汽大众,SVW表示上海大众,DHW表示东风本田等。

2.中部

中部由四位阿拉伯数字组成。

第一位是车辆类别代号,1表示载货汽车,2表示越野汽车,6表示客车,7表示轿车。

第二、三位是各类汽车的主要参数代号。载货汽车、越野汽车的主要参数代号为车辆的总质量(t);客车的主要参数代号为车辆长度(m);轿车的主要参数代号为发动机排量(L)。

第四位是产品序号,0表示基本型(第一代产品),1表示第二代产品,以此类推。

3.尾部

尾部是企业自定代号,可用汉语拼音字母和阿拉伯数字表示,位数也由企业自定。

(二)汽车产品型号说明

1.企业名称代号说明

国家标准《汽车产品型号编制规则》(GB 9417—1988)规定,企业名称代号由2个或3个汉语拼音字母组成。但由于越来越多的国外汽车厂商在我国合资建厂,目前企业名称代号多由汉语拼音字母和英文字母混合组成。常见的企业名称代号见表2-5。

常见的企业名称代号　　　　　　　　表2-5

	企业名称代号	企业名称
合资品牌汽车	FV	一汽大众
	TV	天津一汽丰田
	BH	北京现代
	SVW	上海大众
	SGM	上海通用
	DC	东风雪铁龙/标致
	DHW	东风本田
	DFL	东风日产
	HG	广汽本田
	GTM	广汽丰田
	CAF	长安福特
自主品牌汽车	QCJ	比亚迪
	BYD	比亚迪
	SQR	奇瑞
	CC	长城(哈弗)
	JL	吉利
	DFM	东风风神

续上表

企业名称代号		企 业 名 称
自主品牌汽车	SY	沈阳华晨
	SC	重庆长安
	LZW	柳州五菱（上汽通用）
	CA	一汽解放
	EQ	东风
	DFA	东风轻卡
	DFL	东风天龙/天锦

2.典型汽车产品型号说明

（1）FV7144TFATG：FV 表示一汽大众，7 表示轿车，14 表示发动机排量 1.4L，4 表示第五代产品，TFATG 为企业自定代号。该车为一汽大众高尔夫轿车。

（2）BJ2021V8：BJ 表示北京汽车，2 表示越野汽车，02 表示车辆总质量 2t，1 表示第二代产品，V8 为企业自定代号。该车为北京切诺基轻型越野汽车。

（3）GTM6490HSWN：GTM 表示广汽丰田，6 表示客车，49 表示车长 4.9m，0 表示第一代产品，HSWN 为企业自定代号。该车为广汽丰田汉兰达运动型多用途车。

（4）LZW6462UF：LZW 表示柳州五菱（上汽通用），6 表示客车，46 表示车长 4.6m，2 表示第三代产品，UF 为企业自定代号。该车为上汽通用五菱宝骏 730 多用途乘用车。

（5）CA1160P62K1L4E5：CA 表示一汽，1 表示载货汽车，16 表示车辆总质量 16t，0 表示第一代产品，P62K1L4E5 为企业自定代号。该车为一汽解放重型载货汽车。

三、车辆识别码

（一）车辆识别码的起源与意义

1.车辆识别码的起源

车辆识别码英文简称 VIN，是英文 Vehicle Identification Number 的缩写，俗称车架号、大架号，是汽车唯一的身份识别信息，好比于汽车的"身份证"。

车辆识别码的历史可以追溯到 1949 年。但直到 1981 年之前，标准一直处于变换中。比如：1965～1969 年的 VIN 有 9 位，当生产量超过 100 万辆之后采用 10 位；1970～1980 年的 VIN 则固定为 10 位。现行的 17 位 VIN 始于 1981 年。

我国的汽车 VIN 规律基本来源于美国的规范。日本和欧洲各自有自己的规则。在国内，很多人把 VIN 称为车架号。这对于国内车型没有问题，但是在欧洲，特别是奔驰这样的厂家，VIN 和车架号（底盘号）是有区别的。就是说，一部车有两个码：一个 VIN、一个底盘码。2008 年前进口的奔驰车很多都用车架号，2008 年我国对进口车实行了 VIN 国标规范，要求进口车也必须符合标准的 VIN 码登记。

2.车辆识别码的意义

车辆识别码作为车辆唯一的识别标识，在实际用车过程中应用也是比较广泛的，除了方便汽车制造商、经销商的管理,对于车主也具有许多应用意义。

(1)车辆管理:登记注册、信息化管理。

(2)车辆检测:年检和排放检测。

(3)车辆防盗:识别车辆和零部件,盗抢数据库。

(4)车辆维修:诊断、电脑匹配、配件订购、客户关系管理。

(5)二手车交易:查询车辆历史信息。

(6)汽车召回:年代、车型、批次和数量。

(7)车辆保险:保险登记、理赔的信息查询。

(二)车辆识别码的基本内容

车辆识别码包含了国家、生产厂家、年代、车型、发动机型号等信息,如果明白了识别码的意义,则这些信息也就一目了然了。

VIN 由三部分组成:1~3 位为世界制造厂识别代码(WMI),4~9 位为车辆说明部分(VDS),10~17 位为车辆指示部分(VIS),如图 2-22 所示。

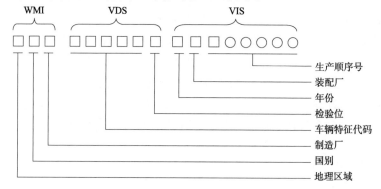

图 2-22 车辆识别码的组成

1. 世界制造厂识别代码(WMI)

第 1~3 位(WMI:世界制造厂识别代码):表示制造厂、品牌和类型。用来标识车辆制造厂的唯一性。通常占 VIN 代码的前三位。

第 1 位:字符表示地理区域,表明生产国家,如非洲、亚洲、欧洲、大洋洲、北美洲和南美洲,具体描述见表 2-6。

生产国家和地区代码　　　　　　　　　　表 2-6

代　码	国　家	代　码	国　家
1	美国	J	日本
2	加拿大	S	英国
3	墨西哥	K	韩国
4	美国	L	中国
6	澳大利亚	V	法国
9	巴西	Y	瑞典
W	德国	Z	意大利
T	瑞士		

第2位:字符表示一个特定地区内的一个国家。美国汽车工程师协会(SAE)负责分配国家代码。

第3位:字符表示某个特定的制造厂,由各国的授权机构负责分配。如果某制造厂的年产量少于500辆,其识别代码的第三个字码就是9。

比如在中国,LSG表示上海通用,LFV表示一汽大众,LSV表示上海大众,LHG表示广州本田,LVS表示长安福特等。

2. 车辆说明部分(VDS)

第4~9位(VDS:车辆说明部分):说明车辆的一般特性,制造厂不用其中的一位或几位字符,就在该位置填入选定的字母或数字占位,其代号顺序由制造厂确定。

轿车:种类、系列、车身类型、发动机类型及约束系统类型。

MPV:种类、系列、车身类型、发动机类型及车辆额定总质量。

载货汽车:型号或种类、系列、底盘、驾驶室类型、发动机类型、制动系统及车辆额定总质量。

客车:型号或种类、系列、车身类型、发动机类型及制动系统。

第9位:校验位,通过一定的算法防止输入错误。

3. 车辆指示部分(VIS)

第10~17位(VIS:车辆指示部分):制造厂为了区别不同车辆而指定的一级字符,其最后四位应是数字。

第10位:车型年份,即厂家规定的型年(Model Year),不一定是实际生产的年份,但一般与实际生产的年份之差不超过1年,具体描述见表2-7。

车 型 年 份　　　　　　　表2-7

1991	M	2001	1	2011	B	2021	M
1992	N	2002	2	2012	C	2022	N
1993	P	2003	3	2013	D	2023	P
1994	R	2004	4	2014	E	2024	R
1995	S	2005	5	2015	F	2025	S
1996	T	2006	6	2016	G	2026	T
1997	V	2007	7	2017	H	2027	V
1998	W	2008	8	2018	J	2028	W
1999	X	2009	9	2019	K	2029	X
2000	Y	2010	A	2020	L	2030	Y

第11位:装配厂。

第12~17位:生产序列号,一般情况下,汽车召回都是针对某一顺序号范围内的车辆,即某一批次的车辆。

4. VIN实例

以VIN"LSGJA52U1BH003531"为例进行说明,这是一辆2011年款的上海通用轿车,具体信息见表2-8。

VIN 实例　　　　　　　　　　　　　　　　表 2-8

代　码	释　　义
LSG	中国上海通用
JA	新凯越
5	三厢 4 门轿车
2	保护系统:手动安全带及驾驶人、前排乘客安全气囊
U	发动机类型:汽油发动机、1.6L、直列四缸、双顶置式凸轮轴、分组多点燃油电控喷射
1	车辆校验位
B	2011 款
H	装配厂:上海金桥南厂
003531	序列号

(三)车辆识别码的位置

1. 轿车车辆识别码的位置

轿车 VIN 一般有三个位置:仪表板风窗玻璃角部、发动机舱内某处和车辆铭牌上。

仪表板风窗玻璃角部是最容易查找 VIN 的部位,一般都位于左下角,如图 2-23 所示。也有的车型位于右下角,如桑塔纳 2000 轿车。

图 2-23　在仪表板风窗玻璃左下角的 VIN

发动机舱内 VIN 的位置随车型不同,如标致 307 在右前悬架处、别克 GL8 在散热器上横梁处;还有的车型在行李舱内。

车辆铭牌上也有 VIN 信息,如图 2-24 所示。车辆铭牌一般都在发动机舱内很醒目的位置。

常见轿车车辆识别信息的位置如图 2-25 所示。

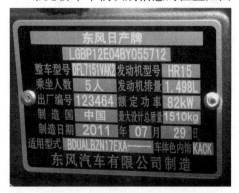

图 2-24　车辆铭牌上的 VIN 信息

图 2-25　车辆识别信息

单元二　汽车分类与识别

2. 其他车型车辆识别码的位置

1) 常见客车车辆识别码的位置

金杯系列客车车辆识别码在前排右侧副驾驶椅右下方,有一块厚度为 2.5mm、长度约为 20cm 的塑料板处。东南得利卡系列旅行车车辆识别码在前排右侧副驾驶椅下方。江铃全顺的车辆识别码在右前门第一步踏板上方侧面处。

金龙大客车的车辆识别码在右前轮胎内侧车架上。宇通大客车的车辆识别码在车身右侧右后轮后端车架上。

2) 常见货车车辆识别码的位置

常见货车车辆识别码一般在车身(架)右后侧。如解放、东风系列柴油货车的车辆识别码在车身右后侧后轮内侧前部或后端。江淮系列货车的车辆识别码在车架右后侧中部或后端。福田时代轻型货车的车辆识别码在右侧车架右后轮前部或后端。

(四) 典型车辆识别码

1. 一汽大众高尔夫 A6 轿车的车辆识别码

大众车系车辆识别码除了在仪表板风窗玻璃左下角外(图 2-26),打开发动机罩,在右纵梁的延长件上也有车辆识别码(图 2-27);在右纵梁的延长件的车辆铭牌上也有车辆识别码(图 2-28、图 2-29)。

图 2-26　一汽大众高尔夫 A6 轿车在仪表板风窗玻璃左下角的 VIN(箭头指示)

图 2-27　一汽大众高尔夫 A6 轿车在右纵梁延长件上的 VIN(箭头指示)

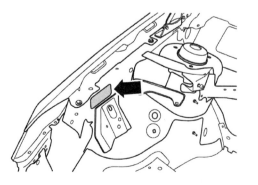

图 2-28　一汽大众高尔夫 A6 轿车车辆铭牌的位置

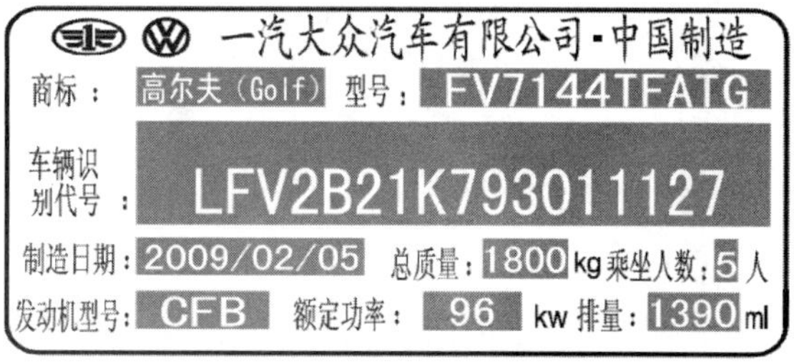

图 2-29　一汽大众高尔夫 A6 轿车车辆铭牌示例

一汽大众高尔夫 A6 轿车车辆识别码相关信息见表 2-9。

一汽大众高尔夫 A6 轿车车辆识别码相关信息　　　　　表2-9

位置	定义	字符	说明
1~3	全球制造识别	LFV	中国一汽大众
4~5	车系和系列	2B	高尔夫
6	车身款式	2	二厢4门轿车
7	保护装置系统	1	被动式安全带
8	发动机类型	K	四缸汽油机73.5kW
9	校验位	7	校验数字
10	车型年	9	2009款
11	生产厂位置	3	长春二厂
12~17	生产序列号	011127	第11127号

2. 上海通用别克君越轿车车辆识别码

上海通用别克君越轿车车辆识别码除了在仪表板风窗玻璃左下角外（图2-30），在左前门框后下角处的车辆铭牌上也有车辆识别码，如图2-31、图2-32所示。

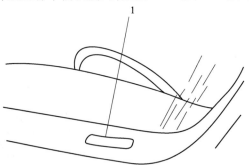

图2-30　上海通用别克君越轿车在仪表板风窗玻璃左下角的VIN
1-车辆识别码(VIN)

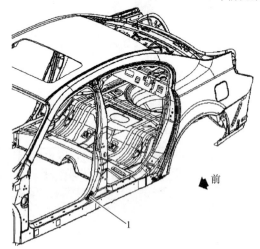

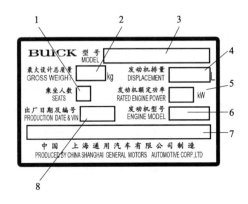

图2-31　上海通用别克君越轿车在左前门框后下角处的车辆铭牌
1-车辆铭牌

图2-32　上海通用别克君越轿车车辆铭牌示例
1-乘坐人数；2-最大设计总质量；3-型号；4-发动机排量；5-发动机额定功率；6-发动机型号；7-车辆识别码(VIN)；8-出厂日期及编号

上海通用别克君越轿车车辆识别码相关信息见表2-10。

上海通用别克君越轿车车辆识别码相关信息　　　　表2-10

位置	定义	字符	说明
1~3	全球制造识别	LSG	中国上海通用
4~5	车系和系列	WU	3.0L 发动机 SGM 7303GL
		WV	3.0L 发动机 SGM 7303GS
6	车身款式	5	4门轿车
7	保护装置系统	3	手动安全带及驾驶人、前排乘客正面及侧面安全气囊,前后排侧面头部安全气囊
		2	手动安全带及驾驶人、前排乘客正面安全气囊
8	发动机类型	C	六缸多点燃油喷射高输出3.0L发动机
9	校验位	—	校验数字
10	车型年	6	2006 款
11	生产厂位置	S	上海金桥北厂
12~17	生产序列号	—	—

3. 广汽丰田凯美瑞轿车车辆识别码

广汽丰田凯美瑞轿车车辆识别码除了在仪表板风窗玻璃左下角外(图2-33),在前排座椅下方也有车辆识别码,如图2-34所示;在右前车门柱的车辆铭牌上的车辆识别码如图2-35所示。

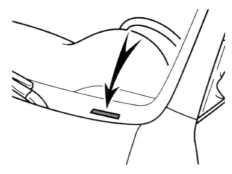

图2-33　广汽丰田凯美瑞轿车在仪表板风窗玻璃左下角的VIN(箭头指示)

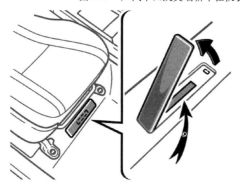

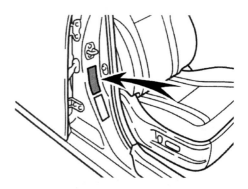

图2-34　广汽丰田凯美瑞轿车在前排座椅下方的车辆识别码(箭头指示)　　　图2-35　广汽丰田凯美瑞轿车在右前车门柱的车辆铭牌(箭头指示)

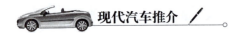

广汽丰田凯美瑞轿车 VIN 以"LVGBH51K6CG031616"为例说明,相关信息见表2-11。

广汽丰田凯美瑞轿车车辆识别码相关信息　　　表2-11

位置	定义	字符	说明
1～3	全球制造识别	LVG	中国广汽丰田
4～5	车系和系列	BH	凯美瑞
6	车身款式	5	三箱四门轿车,前轮驱动
7	保护装置系统	1	前排预紧限力式三点式紧急锁止式、后排三点式紧急锁止式安全带,驾驶人、前排乘员正面气囊,驾驶人、前排乘员侧面气囊
8	发动机类型	K	1AZ-FE2.0L 直列4缸16气门 VVT-i 发动机
9	校验位	6	校验数字
10	车型年	C	2012 款
11	生产厂位置	G	广州南沙区装配厂
12～17	生产序列号	031616	第31616号

单元小结

(1)汽车的分类、分级,不同的国家有不同的标准。以轿车为例,我国分为微型、普通级、中级、中高级、高级;德国分为 A00、A0、A、B、C、D 等级别;美国分为微型、小型、中低级、中级、中高级、大型/豪华级。

(2)我国汽车型号编制规则规定:汽车产品型号由企业名称代号、车辆类别代号、主参数代号、产品序号组成。企业名称代号位于产品型号的第一部分,用代表企业名称的两个或三个汉语拼音字母或英文字母表示;如 FV 表示一汽大众、SVW 表示上海大众。车辆类别代号位于产品型号的第二部分,用一位阿拉伯数字表示;如1表示货车、2表示越野车、6表示客车、7表示轿车。主参数代号位于产品型号的第三部分,用两位阿拉伯数字表示;如货车、越野车的主参数代号表示车辆的总质量(t)、客车的主参数代号表示车辆的总长度(m)、轿车的主参数代号表示发动机排量(L)。产品序号位于产品型号的第四部分,用阿拉伯数字表示,数字由 0、1、2…依次使用。

(3)车辆识别码简称 VIN,是英文 Vehicle Identification Number 的缩写。VIN 由17位字符组成,俗称十七位码。它包含了车辆的生产厂家、年代、车型、车身形式及代码、发动机代码及组装地点等信息。车辆识别码相当于车辆的"身份证",每款车型都有一个不同的识别码,它们由字母和数字组成,通过车辆识别码,我们可以直接看出汽车的国别、车型年份、型号等信息。

技能训练

1. 技能训练准备

(1)典型轿车、货车、客车、越野车及其使用手册或维修手册。

(2)能上网的计算机(平板计算机)或手机。

(3)工作单。

2. 技能训练步骤、要求

(1) 查阅相应车型的使用手册或维修手册,确定车辆铭牌和VIN的位置。

(2) 在相应车型上查找相关信息,并在表2-12中进行记录。

工 作 单　　　　　　　　　　　　　　　　　　　表2-12

典型车辆	□轿车　　□越野车 □货车　　□客车	车辆产品型号	
		车辆识别码	
车辆产品 型号含义		内容	含义
	企业名称代号		
	车辆类别代号		
	主参数代号		
	产品序号		
车辆识别码 (VIN)含义		内容	含义
	第1~3位		
	第4~5位		
	第6位		
	第7位		
	第8位		
	第9位		
	第10位		
	第11位		
	第12~17位		
车辆级别	我国标准		
	德国标准		

(3) 查阅纸质或网络资料,进一步完成表2-12的填写。

思考与练习

(一) 填空题

1. 按照我国国家标准,包括驾驶人座位在内的座位数为9座的车属于(　　　　)。
2. 与丰田卡罗拉轿车为同一级别的本田轿车是(　　　　)。
3. 奥迪Q7轿车、宝马X5轿车、保时捷卡宴轿车都属于(　　　　)型SUV。
4. 我国汽车产品型号中,主参数代号为车辆总质量(t)的车型为货车和(　　　　)。
5. 我国汽车车辆识别码的第一位是(　　　　)。
6. VIN为"LVGES56A39B135780"的车辆为(　　　　)年款车型。

(二) 判断题

1. 交叉型乘用车也称为跨界车,国外称为CROSSOVER。　　　　　　　　(　　)
2. 皮卡是美国独有的车型。　　　　　　　　　　　　　　　　　　　　(　　)
3. 跑车一般为中置或后置发动机。　　　　　　　　　　　　　　　　　(　　)
4. 奔驰E级、宝马3系、奥迪A6属于C级轿车。　　　　　　　　　　　　(　　)

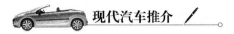

5. 丰田凯美瑞、本田雅阁、日产天籁属于同一级别的轿车。　　　　　（　　）
6. CA7200是一汽小红旗轿车,发动机排量2.0L,基本型。　　　　　（　　）
7. VIN为"1FDEE14H4MHA16668"的车辆为2004年款车型。　　　　（　　）
8. VIN中的第10位表示车辆的生产年份。　　　　　　　　　　　　（　　）

(三)简答题

1. 请按照德国轿车分级标准,分别写出5个A级车、5个B级车、5个C级车。
2. 请写出下列字母、数字的含义:FV7144、SY6480、CA1169、BJ2021。
3. 举例说明轿车车辆识别码三个常见位置。
4. 简述车辆识别码的意义。

单元三　购车消费分析

学习目标
1. 能够说出不同购车阶层的用车需求；
2. 能够说出性格、性别、年龄对购车的影响。

一、购车阶层分析

(一)普通家庭选用车型

对于普通家庭用车，如果仅仅是需要一款能满足日常上下班的代步车，选择一款价格适中的小型车(A0 级)是最佳选择，如大众波罗、本田飞度等。小型车相对而言空间比较紧凑，但是价格低廉且维护、油耗费用都相对较少，在方便出行的同时用车成本很低。

如果还要考虑家庭成员的乘坐，如接送孩子等，应该优先考虑紧凑级车(A 级)，如丰田卡罗拉、大众速腾等。此类车型无论在空间、配置还是价格都针对家用轿车定位，能最大限度地满足家庭用户的需求。

如果是家庭的第二辆车，一般会买一辆小型或紧凑型 SUV，此类车具有城市越野功能，底盘高、视野广、空间大，具有一定舒适性，适合节假日出游。

(二)个体工商业者、自由职业者选用车型

个体工商业者、自由职业者用车主要用于公务、商务，这种用户大多会选择一款中型车(B 级)，如大众迈腾、日产天籁等。这类车型的特点是拥有较大的后排空间，且在舒适豪华配置上比较丰富，尤其一些豪华品牌会着重提高自己 B 级车型的后排配置，例如后排独立空调、影音娱乐系统、座椅加热等配置。

如果是对于空间和多功能性有一定要求，可以考虑购买一款 MPV 车型。MPV 车型兼顾了轿车的舒适性，同时还拥有更大的后排空间，有些 MPV 车型配有 3 排座椅。此外，很多商务 MPV 车型还拥有滑动、旋转座椅，能够胜任商务接待的任务。

(三)高薪职员选用车型

高薪职员，如外企的中高层等，会选用比较低调、有内涵、有品质的中型车或中大型车(B 级或 C 级)，如奥迪 A4、沃尔沃 S60、雷克萨斯 ES 等。

奥迪 A4 的车主包括政府官员、公务员、国企中高层等，他们性格成熟、稳重、优雅，注重

生活品质,希望得到社会的认可。沃尔沃 S60 的车主,他们一般是社会中坚,如公务员、专业人士(包括律师、科研人员、大学教师)等,在生活中低调、注重精神生活。雷克萨斯 ES 的车主以海归、外企中高层居多,且年轻人居多,比较注重舒适且有点小个性。

(四)私企老板选用车型

私企老板选车更主要是身份的象征,所以多会选择豪华车(D 级),如奔驰 S 级、宝马 7 系、奥迪 A8、大众辉腾、玛莎拉蒂总裁等。豪华车有着齐全的安全装置、舒适性配置及各种高科技装备,所以不仅是一种身份的象征,也是对生活的一种享受。

刚起步的私企老板受经济实力的约束,也会选用中大型车(C 级),如奔驰 E 级、宝马 5 系、奥迪 A6、克莱斯勒 300C 等。

二、购车动机与购车行为分析

(一)性格与车型

研究表明,一个人选择的汽车品牌与车型可揭示他的性格和嗜好。这听起来简直就是不可思议,但却有一定的参考价值,如图 3-1 所示。

a)传统保守型人——丰田卡罗拉

b)心思缜密型人——现代朗动

c)抱负型人——丰田兰德酷路泽

d)满足型人——大众朗逸

e)道学型人——日产天籁

图 3-1 性格与车型

1. 传统保守型

传统保守型性格的人,内向、怀旧心理较重,喜欢遵循传统的消费习惯,对新产品往往持怀疑和观望态度。那么有着30多年历史的经典车型丰田卡罗拉、凯美瑞会是他们所考虑的车型之一。

2. 心思缜密型

心思缜密型性格的人,心思细腻,考虑事情周密,善于观察,也善于交际。此类型的人,多喜欢创意个性的车型外观设计,偏向于法系和韩系车,比如北京现代朗动。

3. 抱负型

抱负型性格的人,多具野心,总希望可以干出一番大事业,不管是工作上还是生活中,希望获得同辈认同,较可能是女性。此外,也喜欢挑战自己。在选车方面,比起轿车,更喜欢视野开阔的越野车,有一种征服欲,比如代表着征服和挑战的丰田兰德酷路泽。

4. 满足型

满足型性格的人,喜欢一成不变,多按自己的方式做事,满足于现状,不希望与他人进行权力之争,希望安逸而非富有。选择一款经济实用性的车即可,如大众朗逸。

5. 道学型

"执古之道,以御今之有,能知古始,是谓道纪"。道学型性格的人,以45岁以上的男性居多,这类人沉稳好学,理性又不乏热情,亦如稳重大气的日产天籁。

(二)性别与车型

在传统的观念中,汽车似乎一直被认为是男人的专属品,然而细细品味,我们却可以发现,有些车型并不只是为男人而生,它们身上时尚、艳丽、圆润、小巧,这些与生俱来的元素,与时下越来越多的都市女性搭配起来,竟是如此地相得益彰,使得两者都能散发出别样的经典韵味。

美国《财富》杂志刊文,发布了2015年美国男性和女性关注的十大车型,见表3-1。

2015年美国男性和女性关注的十大车型　　　　　　　　表3-1

排　名	男士车榜单		女士车榜单	
	车型	关注比例(%)	车型	关注比例(%)
第一名	日产 GT-R	99.1	现代途胜	66.2
第二名	宝马 M3	92.2	日产阳光	64.0
第三名	保时捷 Cayman	91.9	大众甲壳虫	63.9
第四名	保时捷 911	91.5	起亚福瑞迪	62.8
第五名	雷克萨斯 GS350	91.3	福特嘉年华	62.8
第六名	宾利欧陆 GTC	90.7	起亚索兰托	62.0
第七名	雪佛兰 Express	90.5	Jeep 自由客	61.4
第八名	福特 F-350	87.7	三菱欧蓝德	60.9
第九名	凯迪拉克 CTS	86.8	起亚锐欧	60.8
第十名	GMC Sierra	85.1	起亚秀尔	60.6

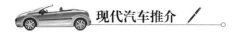 现代汽车推介

1. 典型的男士车

男人就开男人车,经典的男士车以外形硬朗、动力大、车速高为主要特点,如肌肉车、越野车等。

(1)宝马 M3。在宝马 M 车型中,M3 称得上是各方面表现都最为均衡的车型,而且是宝马造车功力的完美体现。如果是一位事业有成,又追求激烈驾驶的男士,那么 M3 或许是最佳座驾,因为宝马汽车出色的操控性,几乎很少有同类车型可以与其媲美。图 3-2 所示为 2015 款宝马 M3。

(2)凯迪拉克 CTS。CTS 吸引男人目光的是它穿越时空的出色外形。看见 CTS 的外观,不能不把它和未来、宇宙联系在一起。为了突出前卫、高科技的色彩,全车采用了棱角分明的线条。据说,其前盖还借鉴了美国隐形战斗机"F-22 猛禽"的机头设计。打破传统的前照灯像是给车体套上了一件罗马西装,酷烈无比。图 3-3 所示为 2014 款凯迪拉克 CTS。

图 3-2　2015 款宝马 M3

图 3-3　2014 款凯迪拉克 CTS

(3)雪佛兰 Silverado。该车是一款重型皮卡,6L V8 发动机,274kW 转矩输出,仅是这些数据就已经足够激起男人们的购买欲了。图 3-4 所示为 2014 款雪佛兰 Silverado。

(4)丰田兰德酷路泽(陆地巡洋舰)。丰田给这辆车的口号是"更远、更自由"。其实概念都不怕炒作,但这款车在市场上的表现远超其在道路上的事实,说明超大的外形的确能够打动男人的心。图 3-5 所示为 2014 款丰田兰德酷路泽。

图 3-4　2014 款雪佛兰 Silverado

图 3-5　2014 款丰田兰德酷路泽(陆地巡洋舰)

2. 典型的女士车

在国内,许多车辆已经被贴上了女士的标签,如大众甲壳虫、大众波罗、本田思域、马自达3、丰田RAV4、本田CR-V、现代酷派、Smart等。

(1) 丰田RAV4。RAV4是Recreational Active Vehicle with 4WD的简称,意为"四轮驱动的休闲运动车",是丰田回应RV风潮的作品,以追逐山野的休闲目标为首要目标,是近来RV市场中隶属"城市越野车"的主流代表。开RAV4的多为女士,但是她们的出发点可不是去享受越野乐趣,而是去游山玩水。

2013款丰田RAV4如图3-6所示,紧凑而不失圆润,强调质感却又不失妩媚,对于那些既想展示能力,又想释放魅力的成功女士来说,RAV4不能不说是上上之选。

(2) 大众甲壳虫。颜色鲜艳,外表个性亮丽,甲壳虫定位就是女士的车,同时也是当前世界上最为个性化的车型。在街上我们看到开着甲壳虫的,几乎清一色是美女。开着这样一款车上街回头率很高,在车流中一眼就能找到甲壳虫,它独具个性的造型,气质高雅、随和大方、卓尔不群。甲壳虫是一款适合现代都市生活的车,它的性能和品质能够迎合多数城市女性的口味。

2012款大众甲壳虫如图3-7所示,之所以备受女性青睐,就是因为其时刻都洋溢着时尚、亮丽、轻松的气息。

图3-6　2013款丰田RAV4　　　　　　　图3-7　2012款大众甲壳虫

(3) 马自达3。新一代马自达家族特征的前脸、波浪形的腰线、独特的C柱,马自达3是马自达家族的新娇女。出色的造型、高质素的工艺、多用途车厢布局以及同级操控最出色的底盘,都使得马自达3看起来更新颖和精致。马自达3有三厢和两厢两种车型,是马自达的又一款经典车型。

2014款马自达3如图3-8所示,凭借其干净利落的造型,浓郁的科技气息所营造出来的蓄势待发的整体感觉,最适合都市中的干练女性。

(4) Smart。这个名字是由Swatch(斯沃琪)和Mercedes(梅赛德斯)的第一个字母与art组成,代表着这是斯沃琪公司与梅赛德斯—奔驰公司的艺术结晶。对于奔驰来说,Smart的车型就是用来做成一个艺术品,而对于Swatch来说,Smart就是专门为女性而准备的车。

2015款Smart fortwo如图3-9所示,在外形上没有进行太多的装饰设计,仅仅是圆形的元素以及双色车身的搭配,就让它成为了惹人眼球的小车。

图3-8　2014款马自达3

图3-9　2015款Smart fortwo

(三)年龄与车型

1. 年龄与考虑因素

不同年龄阶段的人,对汽车的外观、油耗、性能、价格、空间、品牌、质量、配置等所看重的比例不同,如图3-10所示。

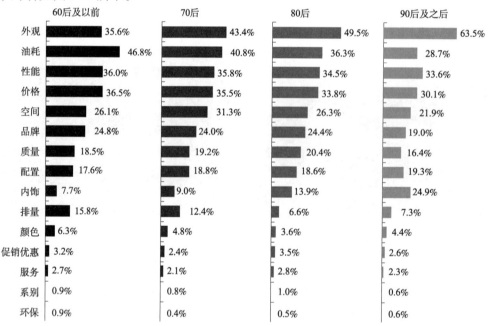

图3-10　年龄与购车考虑因素

80后、90后年轻消费者比70后、60后中年消费者更加看重外观,而年龄越大则越看重油耗。同时,相比较而言,年纪越轻越看重内饰,年纪越大则越看重排量。不同年龄阶段对品牌的认知基本相同。

2. 年龄与购车类型

年轻消费群体多数都处在事业初期,在经济压力和个性需求的双重引导下,经济价位的紧凑型轿车还是成为大多数人的选择。但偏年轻用户的小型SUV热销正成为一种趋势,而30岁以上用户在SUV市场占比重更大,或许可以从价格和多人口家用角度得到解释。

单元小结

(1) 普通家庭用车,推荐选用小型车(A0级)或紧凑级车(A级)。个体工商业者、自由职业者推荐选用中型车(B级)或MPV。高薪职员推荐选用中型车(B级)或中大型车(C级)。私企老板推荐选用豪华车(D级)或中大型车(C级)。

(2) 性格、性别、年龄对购车的选择都会有影响。

思考与练习

(一)填空题

1. 家庭的第二辆车,一般会买一辆小型或紧凑型(　　　)。
2. 高薪职员,如外企的中高层等,多选用奥迪A4、沃尔沃S60、(　　　)等车。
3. 个体工商业者、自由职业者会选用中型车(B级)或(　　　)。
4. 经典的男士车以外形硬朗、动力大、车速高为主要特点,如肌肉车、(　　　)等。
5. 不同年龄的人对汽车(　　　)的认知基本相同。

(二)判断题

1. 普通家庭用车推荐选用大众迈腾。　　　　　　　　　　　　(　　)
2. 私企老板选车更主要是身份的象征。　　　　　　　　　　　(　　)
3. 性格保守的人多会选用经典车型,如卡罗拉、凯美瑞等。　　(　　)
4. 丰田RAV4、本田CR-V是典型的女士用车。　　　　　　　　(　　)
5. 年轻人选车更看重外观。　　　　　　　　　　　　　　　　(　　)

(三)简答题

李先生一家三口人,李先生本人(30岁)、李夫人及2岁半的小孩。他想买一辆代步用车,也可用于接送孩子上幼儿园。今天他来到了某一汽大众4S店,作为销售顾问的你请为他推荐一款适合他的车,并说明理由。

单元四　主流车系介绍与特点分析

学习目标

1. 能够说出国内外主流车系和典型车型；
2. 能够说出国内外主流车系、车型的特点；
3. 能够说出国内外各典型车型的主要竞争对手。

一、德系车介绍

(一)戴姆勒汽车公司(Daimler)车型介绍

戴姆勒汽车公司即戴姆勒-奔驰汽车公司(俗称"奔驰汽车公司")。1998年5月,戴姆勒-奔驰汽车公司与克莱斯勒公司合并,成立戴姆勒-克莱斯勒公司,简称"戴克"。2007年10月,克莱斯勒公司从戴姆勒-克莱斯勒公司分离出来,更名为戴姆勒汽车公司。

戴姆勒汽车公司主营品牌如图4-1所示。

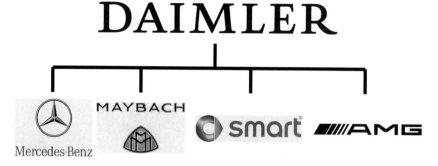

图4-1　戴姆勒汽车公司主营品牌

1. 梅赛德斯-奔驰(Mercedes-Benz)品牌

(1)品牌简介。1926年戴姆勒-奔驰汽车公司成立,以梅赛德斯-奔驰为品牌生产汽车,是世界著名的德国汽车品牌,以豪华、高性能、高质量而著称,是德系三大豪华车之一。

梅赛德斯-奔驰车标的演变如图4-2所示,是一个三叉星车标,代表着海陆空全方位。

注:德系三大豪华车指宝马、奔驰、奥迪,英文简称BBA,取自BENZ(奔驰)、BMW(宝马)、AUDI(奥迪)的第一个英文字母。

图4-2　梅赛德斯-奔驰(Mercedes-Benz)车标

（2）车型简介。梅赛德斯-奔驰主要车型包括 A、B、C、CL、CLA、CLS、E、G、GL、GLA、GLB、GLK、M、R、S、SL、SLK 等级，各级别车型简介见表 4-1。

梅赛德斯-奔驰各级别车型简介 表 4-1

级别	类型	代表车型	竞争对手
A	微型 MPV	2013 款梅赛德斯-奔驰 A 级	宝马 1 系
B	小型 MPV	2012 款梅赛德斯-奔驰 B 级	奥迪 A3
C	小型豪华轿车	2012 款梅赛德斯-奔驰 C 级	宝马 3 系、奥迪 A4
CL	豪华双门轿跑车	2011 款梅赛德斯-奔驰 CL 级	宝马 6 系

续上表

级别	类型	代表车型	竞争对手
CLA	小型四门轿跑车	2014 款梅赛德斯-奔驰 CLA 级	奥迪 A5
CLS	中型四门轿跑车	2012 款梅赛德斯-奔驰 CLS 级	奥迪 A7、保时捷 Panamera
E	中型豪华轿车	2014 款梅赛德斯-奔驰 E 级	凯迪拉克 SLS、宝马 5 系、奥迪 A6
G	中型越野车	2013 款梅赛德斯-奔驰 G 级	保时捷卡宴 GTS、保时捷卡宴 Turbo S

续上表

级别	类型	代表车型	竞争对手
GL	大型豪华SUV	2013款梅赛德斯-奔驰GL级	雷克萨斯LX570、林肯领航员
GLA	小型豪华SUV	2015款梅赛德斯-奔驰GLA级	宝马X1、奥迪Q3
GLK	中型豪华SUV	2013款梅赛德斯-奔驰GLK级	凯迪拉克SRX、宝马X3、奥迪Q5
M	中大型豪华SUV	2012款梅赛德斯-奔驰M级	宝马X5、奥迪Q7、吉普大切诺基

续上表

级别	类型	代表车型	竞争对手
R	大型豪华MPV	2011款梅赛德斯-奔驰R级	
S	大型豪华轿车	2014款梅赛德斯-奔驰S级	宝马7系、奥迪A8、大众辉腾
SL	中型豪华双门跑车	2013款梅赛德斯-奔驰SL级	
SLK	小型豪华双门跑车	2012款梅赛德斯-奔驰SLK级	奥迪TT、保时捷Boxster

续上表

级别	类 型	代表车型	竞争对手
SLS AMG	双门豪华超级跑车	2014款梅赛德斯-奔驰SLS AMG	保时捷911 Turbo S、奥迪R8

2. 梅赛德斯-AMG(Mercedes-AMG)品牌

(1)品牌简介。AMG公司初期只是一家专门为奔驰设计、测试赛车发动机的小公司。1988年,AMG与戴姆勒-奔驰汽车公司建立了战略伙伴关系,AMG成为了戴姆勒-奔驰汽车公司的一个子公司,专门负责为梅赛德斯-奔驰轿车进行高性能的改装。1999年AMG则正式更名为Mercedes-AMG,是梅赛德斯-奔驰的高性能豪华轿车的代名词,其竞争对手为宝马M系、奥迪RS系列。

AMG至今一直坚持着其"一个工程师,一台发动机"的发动机制造理念。AMG的全部发动机都是纯手工打造。每一款新研制的发动机都要在实验台以及各种严酷苛刻的条件下进行长时间的耐久性测试。

(2)经典车型。经典的梅赛德斯-AMG如图4-3所示。

a)2013款梅赛德斯-奔驰SL65AMG

b)2014款梅赛德斯-奔驰S63AMG

图4-3 经典梅赛德斯-AMG

3. 迈巴赫(Maybach)品牌

（1）品牌简介。1919年威廉·迈巴赫(Wilhelm Maybach)与其子卡尔·迈巴赫(Karl Maybach)共同缔造了"迈巴赫"这一传奇品牌——一个象征着完美和昂贵的轿车。迈巴赫是汽车历史上一个充满传奇色彩的品牌，巧夺天工的设计和无与伦比的精湛的制造技术使它在20世纪初成为代表德国汽车工业最高水平的杰作。2002年迈巴赫再次复出，被称为德国的劳斯莱斯，也是宝马旗下劳斯莱斯的主要竞争对手。

迈巴赫车标是两个交叉的字母"M"，如图4-4所示，其含义是"Maybach Motor, Maybach Manufacture"（迈巴赫的车，迈巴赫制造），体现了迈巴赫对自身产品的自信。

（2）经典车型。迈巴赫旗下主要车型包括57、62、齐柏林(Zeppelin)、活顶马车(Landaulet)等。

2010年迈巴赫推出新一代齐柏林轿车，如图4-5所示。新一代的迈巴赫齐柏林限量生产100辆，以无与伦比的典雅风范和动力性能征服了世界。

图4-4 迈巴赫(Maybach)车标

a)2010款迈巴赫齐柏林

b)迈巴赫齐柏林车标

图4-5 迈巴赫齐柏林(Zeppelin)及其车标

迈巴赫活顶马车(Landaulet)（图4-6）是2007年在迪拜车展上发布的一款豪华敞篷车，纯手工打造，性能强劲，造价昂贵，全球限量仅20辆。迈巴赫活顶马车是一款以后排乘客为中心的车型。该车的后排乘客空间的车顶可以全部打开，而驾驶人区域的车顶则仍处于完全封闭状态。其创意来自于传统豪华马车，也是迈巴赫豪车文化的再次复活。

a)活顶马车外形

b)活顶马车后排

图4-6 迈巴赫活顶马车(Landaulet)

4. 精灵(Smart)品牌

(1)品牌简介。精灵(Smart)是 1994 年由德国戴姆勒-奔驰汽车公司和瑞士斯沃琪(Swatch)手表公司合作创建的微型车品牌。其中 S 代表斯沃琪(Swatch), m 代表梅赛德斯(Mercedes-Benz), art 是艺术的意思,"SMart"意为斯沃琪和梅赛德斯完美结合的艺术品,而 Smart 车名本身在英文中也有聪明伶俐的意思,这也契合了 Smart 公司的设计理念。精灵的竞争对手为 MINI、奥迪 A1 等。

精灵车标如图 4-7 所示,"C"代表小型、紧凑(Compact 的第一个字母),箭头代表前瞻性思维。

图 4-7　精灵车标

(2)车型简介。精灵主要车型包括 Fortwo、Roadster、Forfour 等,如图 4-8 所示。

a)精灵Fortwo

b)精灵Roadster

c)精灵Forfour

图 4-8　精灵主要车型

(二)宝马汽车公司(BMW)车型介绍

宝马汽车公司成立于1917年,1928年进入汽车领域。1972年宝马公司建立了宝马M(Motorsport)部门,1993年宝马将M部门独立出来成立宝马M公司,专门生产原厂高性能版本的M系车型。1994年宝马公司收购了英国罗孚(Rover)集团,包括罗孚(Rover)、路虎(Land Rover)、名爵(MG)、迷你(Mini)品牌。2000年宝马将罗孚、名爵以10英镑的象征性价格卖给了凤凰财团,将路虎以25亿美元卖给了福特汽车公司,但保留了迷你(Mini)品牌。2003年宝马公司收购了英国的劳斯莱斯(Rolls Royce)。

宝马汽车公司主营品牌如图4-9所示。

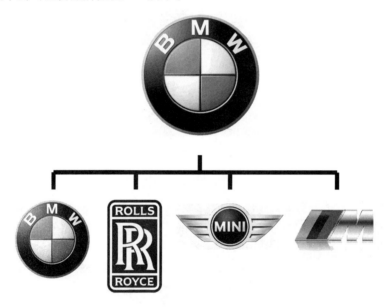

图4-9 宝马汽车公司主营品牌

1. 宝马(BMW)品牌

(1)品牌简介。宝马汽车公司是德国一家世界知名的豪华汽车和摩托车制造商。公司最初是一家飞机发动机制造商,1917年更名为宝马公司(BMW)。1928年进入汽车领域。宝马也是德系三大豪华车之一。

宝马车标如图4-10所示,是一个蓝白对称图形,蓝白相间的图案是公司所在地巴伐利亚州的州徽,用来提醒宝马来自巴伐利亚州的纯正血统。也有人说宝马车标中间蓝白相间图案,代表蓝天、白云、螺旋桨,喻示宝马公司渊源悠久的历史,象征该公司过去在航空发动机技术方面的领先地位,又象征公司一贯宗旨和目标。

图4-10 宝马(BMW)车标

(2)车型简介。宝马旗下主要车型包括1、2、3、4、5、6、7、X、Z等系列,各系列车型简介见表4-2。

宝马各系列车型简介 表 4-2

系列	类型	代表车型	竞争对手
1	小型两厢车	2013 款宝马 125d	奥迪 A3
2	小型双门轿跑车	2014 款宝马 220i	奥迪 TT
3	小型豪华轿车	2013 款宝马 335Li	梅赛德斯-奔驰 C 级、奥迪 A4
4	小型轿跑车	2014 款宝马 435i	梅赛德斯-奔驰 CLA

续上表

系列	类型	代表车型	竞争对手
5	中型豪华轿车	2014 款宝马 530d	梅赛德斯-奔驰 E 级、奥迪 A6
6	中大型轿跑车	2013 款宝马 640i	奥迪 A7
7	大型豪华轿车	2013 款宝马 750Li	梅赛德斯-奔驰 S 级、奥迪 A8、大众辉腾
X	SUV	2014 款宝马 X5	奥迪 Q7

续上表

系列	类型	代表车型	竞争对手
Z	双座敞篷跑车	2014 款宝马 Z4 敞篷版	奥迪 TT、奔驰 SLK
i	混合动力车	2014 款宝马 i3	

2. 宝马(BMW)M 品牌

(1)品牌简介。宝马 M(Motor Sport)部门于 1972 年成立,1993 年更名为宝马 M 公司。宝马 M 系是宝马旗下的高性能车型家族,其竞争对手有梅赛德斯 AMG、奥迪 RS 等。宝马 M 系车型集高性能、个性化与完美于一身,具有赛车特点和纯粹的驾驶乐趣,同时又适合日常驾驶。这些独一无二的特性使宝马 M 车型在全世界赢得了无数狂热的拥护者。

宝马 M 车标由 M 字母和蓝、紫、红三色块组成,如图 4-11 所示。右面的红色代表美国著名石油零售商 Texaco,早年宝马 M 部门在各大赛事中均使用它的赞助。左边的蓝色是宝马所在的巴伐利亚州州旗的颜色。中间的深蓝色是由蓝、红两色混合而来。

(2)车型简介。宝马 M 系的第一辆车是宝马 M1,由乔治亚罗设计,1978 年推出。宝马 M1 最初是为赛道赛车设计,车速达到 260km/h,是地地道道的高性能极品赛车。宝马 M1 是今日宝马 M 系列跑车的始祖,如图 4-12 所示。

图 4-11　宝马 M 车标

图 4-12　1978 款宝马 M1

目前宝马 M 系主打的车型有 M5、M6，这两款车型的外观设计充满力量又不过分张扬，拥有凌厉强悍的动力和 GT 赛车般的强大性能。宝马 M6 如图 4-13 所示。

图 4-13　宝马 M6

3. 劳斯莱斯(Rolls Royce)品牌

（1）品牌简介。劳斯莱斯(Rolls-Royce)是世界顶级豪华轿车厂商，1906 年成立于英国。劳斯莱斯出产的轿车是顶级汽车的杰出代表，以豪华而享誉全球。劳斯莱斯汽车的年产量只有几千辆，品牌的成功得益于它一直秉承了英国传统的造车艺术：精练、恒久、巨细无遗。劳斯莱斯最与众不同之处，就在于它大量使用了手工劳动，在人工费相当高昂的英国，这必然会导致生产成本的居高不下，这也是劳斯莱斯价格惊人的原因之一。

1998 年大众公司收购了劳斯莱斯。2003 年宝马公司又从大众公司手里收购了劳斯莱斯。

劳斯莱斯车标如图 4-14 所示，采用双"R"标志和"飞天女神"雕像。双"R"标志是公司创始人劳斯(Rolls)与莱斯(Royce)两人姓名的第一个字母，象征着你中有我，我中有你，体现了劳斯和莱斯两人融洽及和谐的关系。

图 4-14　劳斯莱斯车标

（2）经典车型。劳斯莱斯旗下主要车型包括幻影(Phantom)、古思特(Ghost)、魅影(Wraith)等，如图 4-15 所示。

a) 劳斯莱斯幻影(Phantom)

b) 劳斯莱斯古思特(Ghost)

c) 劳斯莱斯魅影(Wraith)外观

d) 劳斯莱斯魅影(Wraith)内饰

图 4-15　劳斯莱斯经典车型

4.迷你(MINI)品牌

（1）品牌简介。迷你(Mini)是一款风靡全球、个性十足的小型两厢车,1959年8月26日由英国汽车公司(BMC)推出,在半个多世纪的历史里,Mini获得了巨大的成功。1994年Mini被宝马公司收购。2000年旧款Mini停止生产,Mini品牌的新持有者宝马公司宣布推出Mini的继承车款,并将新车的品牌定为MINI。1999年,经典Mini被评为"世纪之车"。

注:1999年12月18日,在"世纪之车(COTC)"评选中,最终入选五强的是:福特T型车、经典Mini、雪铁龙DS、大众甲壳虫和保时捷911。

（2）车型简介。迷你旗下的主要车型包括Cooper、Clubman、Countryman、Paceman等,如图4-16所示。

a)MINI Cooper

b)MINI Clubman

c)MINI Countryman

d)MINI Paceman

图4-16　MINI旗下主要车型

MINI Cooper被认为是MINI的标准车型,又大又圆的前照灯以及平顶、短尾的独特设计,秉承了MINI家族的风格,这样娇小而独特的外形已经成为MINI的招牌形象。

MINI Clubman是一款偏于MPV风格的休闲型轿车。Clubman车身后部平滑的线条,更加突出了Clubman的运动风格和实用性。MINI Clubman采用独一无二的五车门设计理念,尾门为创新的对开双车门,两扇门可以设置为任意开向。

MINI Countryman是MINI首款SUV车型,在车身线条上保留了MINI原汁原味的家族气息。

MINI Paceman是MINI在2010年年底推出的一款跨界概念车,也是MINI继Countryman后的第二款SUV车型。它保留了MINI品牌所熟悉的特征,在此基础上还增加了个性化的元素。

(三)大众汽车公司(Volkswagen)车型介绍

大众汽车公司是世界最大的三家汽车制造商之一,公司成立于1937年,以生产"老百姓都买得起的国民车"大众甲壳虫而闻名。

1965年大众汽车公司收购了汽车联盟(Auto Union)。1969年汽车联盟与纳苏(NSU)合并,1985年更名为奥迪(Audi)。后来大众公司又相继收购了西班牙的西雅特(Seat)、捷克的斯柯达(Skoda)、英国的宾利(Bentley)、意大利的兰博基尼(Lamborghini)、法国的布加迪(Bugatti)、德国的保时捷(Porsche),大众汽车公司主营品牌如图4-17所示。

图4-17 大众汽车公司主营品牌

1. 大众(VW)品牌

(1)品牌简介。1937年5月28日,大众汽车公司的前身"德国国民汽车筹备公司"成立,目的是为了"生产出一种老百姓都买得起的国民车",也就是俗称的大众甲壳虫。该车由汽车设计天才费迪南德·波尔舍设计。1938年9月16日,公司更名为大众汽车公司。

大众汽车的德语为Volkswagen,Volks的意思为"国民",Wagen的意思为"汽车",全名的意思即"国民的汽车",常简称为"VW"。

图4-18 大众车标

大众车标如图4-18所示,是由Volks Wagen的第一个字母VW组成,也可以认为是三个V组成,寓意大众汽车公司及其产品必胜-必胜-必胜。

(2)车型简介。大众旗下主要车型包括波罗(Polo)、甲壳虫(Beetle)、高尔夫(Golf)、速腾(Sagitar)/捷达(Jetta)、迈腾(Magotan)/帕萨特(Passat)、辉腾(Phaeton)、途观(Tiguan)、途锐(Touareg)、尚酷(Scirocco)、CC等。

甲壳虫(Beetle)是大众公司最经典的车型之一,目前是第三代产品,如图4-19所示,累计销量超过2500万辆,1999年被评为"世纪之车"。大众甲壳虫外形流畅,简单实用,最突出的特点是完美的车身造型,是流线型设计的杰作。大众甲壳虫受到世界各地人们的喜爱,甚至衍生出了甲壳虫文化。它代表的结实、实用、操控性好也成为汽车应该有的经典主题!

高尔夫(Golf)(图4-20)是一款大众公司推出的经典小型家用两厢车,已经在全球市场推出了七代,是大众最畅销的车型,在全球畅销车型中位列第二,累计销量超过了3000万辆。

辉腾(Phaeton)(图4-21)是大众汽车公司生产的一款高级豪华轿车,是目前大众车系中的顶级车型,于2002年正式量产上市。辉腾低调的外观设计不但是该车历年不变的精髓,也树立了豪华轿车新的标杆。其主要竞争对手为宝马 7 系、梅塞德斯-奔驰 S 级、奥迪 A8 等。

a)第一代大众甲壳虫(Beetle)

b)第二代大众甲壳虫(New Beetle)

c)第三代大众甲壳虫(Beetle)

图 4-19　大众甲壳虫

图 4-20　第七代大众高尔夫(Golf)

图 4-21　大众辉腾(Phaeton)

途观(Tiguan)(图 4-22)是大众公司生产的一款紧凑型 SUV,一经推出倍受关注和喜爱。途观继承了大众的家族外观特征,整体看起来大气饱满,前脸刚毅,侧身看线条流畅。

2. 奥迪(Audi)品牌

(1)品牌简介。奥迪是国际著名豪华汽车品牌,作为高技术、高质量及创新车型的代表,奥迪是世界最成功的汽车品牌之一,与梅塞德斯-奔驰及宝马合称为德系三大豪华车品牌。

奥迪车标是四个连接的圆环,如图 4-23 所示。每一个圆环代表着在 1932 年成立汽车联盟时的四家公司之一。四个圆环同样大小,并列相扣,代表四家公司地位平等,团结紧密,整个联盟牢不可破。

图 4-22 大众途观(Tiguan)

图 4-23 奥迪车标

(2)车型简介。奥迪主要车型包括 A1、A3、A4、A5、A6、A7、A8、Q3、Q5、Q7、TT、R8 以及 S、RS 系列等,各系列车型简介见表 4-3。

奥迪各系列车型简介　　　　　　　　　　表 4-3

系列	类　型	代 表 车 型	竞 争 对 手
A1	微型两厢车	2012 款奥迪 A1	迷你(MINI)
A3	小型轿车	2014 款奥迪 A3	宝马 1 系、梅赛德斯-奔驰 B 级
A4	小型豪华轿车	2013 款奥迪 A4	梅赛德斯-奔驰 C 级、宝马 3 系

续上表

系列	类　型	代表车型	竞争对手
A5	中型豪华轿跑车	2012 款奥迪 A5	
A6	中型豪华轿车	2012 款奥迪 A6	梅赛德斯-奔驰 E 级、宝马 5 系
A7	大型豪华轿跑车	2011 款奥迪 A7	梅赛德斯-奔驰 CLS 级
A8	大型豪华轿车	2014 款奥迪 A8L	梅赛德斯-奔驰 S 级、宝马 7 系、大众辉腾

续上表

系列	类型	代表车型	竞争对手
Q3	小型SUV	2012款奥迪Q3	宝马X1
Q5	中型豪华SUV	2013款奥迪Q5	宝马X3、奔驰GLK
Q7	大型豪华SUV	2011款奥迪Q7	宝马X5、保时捷卡宴、大众途锐
TT	跑车	2011款奥迪TT	梅赛德斯-奔驰SLK

续上表

系列	类型	代表车型	竞争对手
R8	超级跑车	 2013款奥迪R8	兰博基尼加拉多(Gallardo)
S系列	高性能轿车	 2014款奥迪S8	梅赛德斯-奔驰
RS系列	高性能豪华车	 2014款奥迪RS7	梅赛德斯-AMG、宝马M系

(四)德系车总结

1. 德系车特点

(1)技术先进,质量可靠,车价偏高。

(2)底盘扎实,操作性好。

(3)车身坚固,安全性高。

(4)维护费用稍高。

(5)涡轮增压发动机有烧机油的毛病。

(6)技术超前,小故障稍高。

(7)奔驰注重舒适性,宝马操纵性好,奥迪较中庸,大众结实耐用。

2.德系车对比

典型德系车车型对比见表4-4。

典型德系车对比   表4-4

分类、分级		梅赛德斯-奔驰	宝马	奥迪	大众
轿车	微型轿车	—	—	—	Up!
	小型轿车	—	—	A1	波罗
	紧凑型轿车	A级、B级	1系	A3	高尔夫、甲壳虫、速腾
	中型轿车	C级	3系	A4	迈腾/帕萨特
	大中型轿车	E级	5系	A6	—
	大型/豪华轿车	S级	7系	A8	辉腾
SUV	紧凑型SUV	GLA	X1	Q3	途观
	中型SUV	GLC、GLK	X3	Q5	—
	中大型SUV	G级、M级	X5	Q7	途锐
	大型SUV	GL级	—	—	—
MPV		—	R级	2系	—	途安、夏朗

二、美系车介绍

(一)通用汽车公司(GM)车型介绍

通用汽车公司是世界上最大的汽车制造厂商之一,成立于1908年。通用汽车公司的前身是1904年由大卫·别克创办的别克汽车公司,1908年美国最大的马车制造商威廉·杜兰特买下了别克汽车公司并成为该公司的总经理。同年,杜兰特以别克汽车公司和奥兹莫比尔汽车公司为基础成立了通用汽车公司。后来相继收购了奥克兰(后来改名为庞蒂亚克)、凯迪拉克、雪佛兰、欧宝、沃克斯豪尔等品牌,目前通用汽车公司主营品牌如图4-24所示。

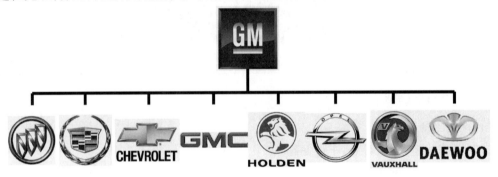

图4-24 通用汽车公司主营品牌

在美国本土,通用汽车公司只有三个轿车品牌——别克、凯迪拉克和雪佛兰。

1.别克(Buick)品牌

(1)品牌简介。1904年5月19日,苏格兰人大卫·别克创建美国别克汽车公司。1908

年以别克汽车公司为中心,成立了美国通用汽车公司。别克车具有大功率、个性化、实用性和成熟的特点。别克是历史悠久的美国汽车品牌之一。

别克著名的"三盾"标志是以一个圆圈中包含三个盾为基本图案,如图4-25所示。它的由来可以追溯到别克创始人苏格兰人大卫·别克的家徽。三个盾牌也代表了别克早期时三款车型:LeSabre(名使)、Invicta(展望)和Electra(依勒克拉)。

(2)车型简介。别克旗下主要车型包括凯越(Excelle)、英朗(Hideo)、君威(Regal)、君越(LaCrosse)、GL8、昂科拉(Encore)、昂科雷(Enclave)等。

凯越(Excelle)(图4-26)是别克基于通用汽车全球平台打造的一款家庭用车,采用澳大利亚霍顿的发动机、德国ZF的变速器,外形出自全球三大汽车设计公司意大利的平尼法瑞那公司,具有很高的性价比,在A级车具有很高的保有量。

图4-25 别克(Buick)

君威(Regal)(图4-27)是一部别克中级轿车,定位介于凯越和君越之间,其时代感的外形,人性化的精致内饰及豪华的高科技配置,充分体现对成功人士的尊重,是商务车市场极富竞争力的车型。

图4-26 别克凯越(Excelle)

图4-27 别克君威(Regal)

君越(LaCrosse)(图4-28)是别克推出的一款中高级轿车,装有获得"沃德"十佳发动机称号的SIDI直喷发动机,外形时尚大气稳重,内饰豪华功能齐全,代表着别克顶尖设计与科技实力。

图4-28 别克君越(LaCrosse)

别克轿车外观大气,车身坚固,内部空间大,动力足,性能在同级轿车中占领先水平,但普遍耗油量高,这也是美系车的通病。

2. 凯迪拉克(Cadillac)品牌

(1)品牌简介。1902年,亨利·利兰(Henry Leland)在底特律创建了凯迪拉克汽车公司。1909年凯迪拉克加入通用汽车公司,以生产豪华轿车而闻名世界。近代美国总统包括里根、克林顿、小布什、奥巴马都选择凯迪拉克作为总统座车。

凯迪拉克名字取自 1710 年创建底特律市的法国贵族安东尼·凯迪拉克。凯迪拉克车标也取自凯迪拉克家族的徽章，皇冠代表王室血统身份，盾牌代表英雄。2003 年凯迪拉克车标做了简化设计，2014 年进一步简化取消银色双麦穗装饰，如图 4-29 所示。

a)2003年凯迪拉克车标　　　　b)2014年凯迪拉克新车标

图 4-29　凯迪拉克车标

（2）车型简介。凯迪拉克的主要车型包括 ATS、STS、DTS、XTS、SRX 等。

凯迪拉克 STS（图 4-30）意为运动版赛威（Seville Touring Sedan），是凯迪拉克的旗舰产品，它外形粗犷豪放，融合原创风格和时尚元素，颠覆了以往的经典豪华而显得个性张扬。无论其精准的车身设计、充沛的动力输出还是极尽豪华的制造工艺水平方面，STS 都凝聚了新时代美国汽车的精髓。

凯迪拉克 DTS 比 STS 更大、更豪华，是凯迪拉克最高级的轿车，其竞争对手是奔驰 S 级、宝马 7 系、奥迪 A8 等。DTS 也是美国总统座驾选择之一，如图 4-31 所示。

图 4-30　凯迪拉克 STS

图 4-31　凯迪拉克 DTS 总统座驾

3. 雪佛兰（Chevrolet）品牌

（1）品牌简介。1911 年 11 月 3 日，威廉·杜兰特与路易斯·雪佛兰合伙成立了雪佛兰汽车公司。1918 年被通用汽车并购，现为通用汽车旗下最为国际化和大众化的品牌。

雪佛兰车标如图 4-32 所示，是一个图案化的蝴蝶结，象征着雪佛兰轿车的大方、气派和风度。

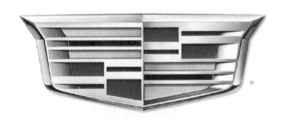

图 4-32　雪佛兰车标

（2）车型简介。雪佛兰旗下主要车型包括科鲁兹

（Cruze）、景程（Epica）、迈锐宝（Malibu）、科帕奇（Captiva）、沃蓝达（Volt）、科迈罗（Camaro）等。

雪佛兰迈锐宝（Malibu）诞生于通用汽车的中高级车平台，与别克"双君"系出同门。目前已推出八代产品，全新雪佛兰迈锐宝的外部造型灵感来源于雪佛兰经典传奇跑车 Corvette 和 Camaro，强烈体现了充满美式力量感的运动风格，如图 4-33 所示。

图 4-33　雪佛兰迈锐宝（Malibu）

雪佛兰 2011 年推出全球首款增程式电动汽车沃蓝达（Volt），如图 4-34 所示，在新能源汽车领域这是一款里程碑式的产品。该车在纯电动模式下，不燃烧汽油，不会产生尾气排放，最高行驶里程可以达到 80km。当车载电池电量消耗至最低临界限值时，沃蓝达将切换至增程型电力驱动模式，此时车载发动机发电机将自动起动，为车辆提供续驶电能，从而实现高达 490km 的续航能力。

雪佛兰 1967 年推出第一代科迈罗（Camaro），其竞争对手是福特的野马车。至今已推出第六代，如图 4-35 所示，该车动力强劲，外形富有肌肉感，是典型的"肌肉车"。电影《变形金刚》系列中的汽车人大黄蜂即是该车。

图 4-34　2011 款沃蓝达（Volt）

图 4-35　雪佛兰科迈罗（Camaro）

注：在美国的汽车历史上，有一种车型，它有着硬朗的线条，强大的动力，极高的油耗，普通的躯壳下却通常蕴藏着一台狂躁的大排量发动机。这就是 20 世纪 60 年代在美国极其盛行并受到人们追捧的美国肌肉车型，美国人称其为"Muscle Car"。雪佛兰科迈罗（Camaro），道奇挑战者（Dodge Challenger）以及福特野马（Mustang）是三款具有纯正美国肌肉车血统的车型。

（二）福特汽车公司（Ford）车型介绍

福特（Ford）汽车公司于 1903 年 6 月 16 日由亨利·福特（Henry Ford）创建。目前是世界上最大的汽车生产商之一，与通用、克莱斯勒同称为美国三大汽车生产商。福特最伟大是成就是把流水线引入汽车装配生产中，大幅度提高了生产效率，降低了成本。

福特汽车公司主营品牌有福特（Ford）和林肯（Lincoln），如图 4-36 所示。

1. 福特(Ford)品牌

(1)品牌简介。福特(Ford)是福特汽车公司品牌家族的第一个成员。1908年,亨利·福特推出了改变世界的T型车。1999年,福特T型车被评为"世纪之车"的第一名。

福特车标是采用福特英文Ford字样,蓝底白字,如图4-37所示。由于亨利·福特喜欢小动物,所以标志设计者把福特的英文画成一只小白兔样子的图案。

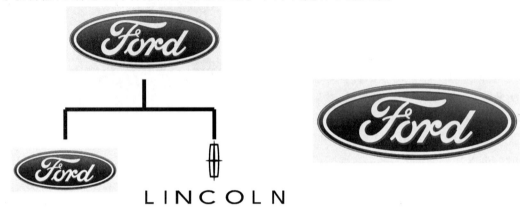

图4-36 福特汽车公司主营品牌　　　　　　　　图4-37 福特车标

(2)车型简介。福特旗下主要车型包括野马(Mustang)、金牛座(Taurus)、蒙迪欧(Mondeo)、福克斯(Focus)、嘉年华(Fiesta)、翼博(EcoSport)、翼虎(Kuga)等。

福特在1964年推出野马(Mustang)之后立即风靡美国。第一年底,该款车就已卖出了500000多辆,创造了福特汽车销售的新纪录。野马外形朴实无华,但从骨子里散发着一种野性,图4-38a)所示为1964款野马。大部分人开始认识美式肌肉车应该就是从福特野马开始。承载着历史的纪念,野马自1964年诞生到现在已经跨越半个世纪的品牌历史,并不断与时俱进,推出了第六代2015款野马,如图4-38b)所示。

a)1964款福特野马(Mustang)　　　　　　　　b)2015款福特野马(Mustang)

图4-38 福特野马(Mustang)

"Mondeo"源于法语中"Monde"一词,原意为"上流社会",是对优雅气质的描绘,是高尚人生的写照,亦是经典与尊贵的象征。1993年第一代福特蒙迪欧在欧洲上市,立即被公认为该类车中的先锋代表,并当选1994年度最佳车型。2013年推出第四代蒙迪欧,具有经典的阿斯顿马丁前脸(俗称"马丁脸")造型,如图4-39所示。

福特福克斯(Focus)自 1998 年在欧洲上市以来,全球累计销量已近 1000 万辆,先后拿下超过 100 个荣誉奖项,其中包括 13 个年度最佳车型大奖。福克斯也是全世界迄今为止唯一在欧洲和北美同时获得"年度汽车"殊荣的车型。福克斯 WRC 车型也是世界越野拉力锦标赛的冠军车队。2013 年全球十大热销车型福克斯排名榜首。新推出的第四代 2015 款福特福克斯如图 4-40 所示。

图 4-39　第四代福特蒙迪欧(Mondeo)　　　　图 4-40　第四代 2015 款福特福克斯(Focus)

福特 2001 年推出 SUV 明星车型福特翼虎(Kuga,北美版命名为 Escape),这是一款高端紧凑型 SUV,集各项优势于一身:时尚新颖的造型与内饰、装配齐全、高性价比和始终如一的卓越品质。2013 款福特翼虎如图 4-41 所示。

2. 林肯(Lincoln)品牌

(1)品牌简介。林肯(Lincoln)是福特汽车公司拥有的第二个品牌,1907 年由亨利·利兰(Henry Leland)创立,1922 年福特汽车公司收购了林肯品牌,并由此进入豪华车市场。凯迪拉克

图 4-41　2013 款福特翼虎(Kuga)

是林肯主要竞争品牌。由于林肯车杰出的性能、高雅的造型和无与伦比的舒适,它一直是美国车舒适和豪华的象征。林肯车也是第一个以美国总统的名字命名、为总统生产的汽车。自 1939 年美国的富兰克林·罗斯福总统以来,它一直被选为总统用车。

林肯车标是一个矩形中含有一颗闪闪放光的星辰,如图 4-42 所示,象征着尊严和庄重,也喻示林肯轿车光辉灿烂。

图 4-42　林肯车标

(2)车型简介。林肯旗下主要车型包括大陆(Continental)、城市(Town Car)、MK 系列等。

林肯城市(Town Car)是美国最典型的超级大型豪华轿车,1990 款林肯城市被评为"1990 年度最佳轿车",如图 4-43a)所示,并成为林肯的新旗舰。加长林肯多以城市为原型车,如图 4-43b)所示。

a) 1990款林肯城市 b) 加长林肯城市

图4-43 林肯城市(Town Car)

2006年林肯推出了 MK 系列车型,包括 MKZ、MKS、MKX、MKT,具体情况见表4-5。

林肯 MK 系列车型简介　　　　　　　表4-5

车型	类型	图例	竞争车型
MKZ	入门级豪华轿车		凯迪拉克的 ATS-L、雷克萨斯 ES、奥迪 A4L、奔驰 C 级、宝马 3 系
MKS	中型豪华轿车		奥迪 A6L、奔驰 E 级、宝马 5 系
MKX	中型 SUV		奥迪 Q5、宝马 X3、凯迪拉克 SRX

续上表

车型	类型	图例	竞争车型
MKT	中大型 SUV		奥迪 Q7、宝马 X5、奔驰 ML 级

(三) 克莱斯勒汽车公司(Chrysler)车型介绍

克莱斯勒公司(Chrysler)于 1925 年 6 月 6 日由沃尔特·克莱斯勒(Walter Chrysler)创建。1928 年克莱斯勒公司买下道奇兄弟公司(Dodge)和顺风(Plymouth)公司,成为美国第三大汽车公司。1987 年克莱斯勒公司收购美国汽车公司(AMC)。这样,吉普(Jeep)品牌并入克莱斯勒公司。1998 年克莱斯勒公司与德国的戴姆勒-奔驰公司合并,成为戴姆勒-克莱斯勒集团。2007 年克莱斯勒公司从戴姆勒-克莱斯勒集团分离出来。2009 年意大利菲亚特汽车公司(Fiat)收购克莱斯勒公司。

目前顺风品牌已被关闭,克莱斯勒汽车公司主营品牌如图 4-44 所示。

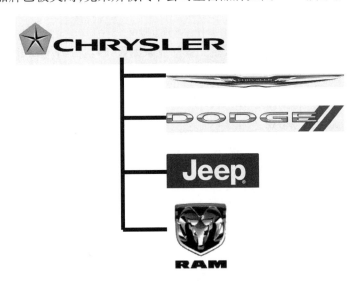

图 4-44 克莱斯勒汽车公司主营品牌

1. 克莱斯勒(Chrysler)品牌

(1)品牌简介。克莱斯勒是克莱斯勒汽车公司的豪华车品牌,1925 年由沃尔特·克莱斯勒创建。其主要竞争对手是凯迪拉克和林肯。

克莱斯勒车标如图4-45所示,是一个银色的飞翔标志,中间是克莱斯勒的英文衬以蓝底,具有流线型美感。

图4-45 克莱斯勒车标

(2)车型简介。克莱斯勒主要车型包括铂锐(Sebring)、300C、PT巡游者(Cruiser)、大捷龙(Grand Voyager)等。

克莱斯勒300C如图4-46所示,是克莱斯勒最经典的车型。2005款克莱斯勒300C是得奖最多的美国新车型。2012款克莱斯勒300C获得北美"2012年最值得购买车型"的称号,更被北美最权威的消费导购刊物《消费者报告》评为"近20年来最好的克莱斯勒轿车"。

a)2005款克莱斯勒300C　　　　　　　b)2012款克莱斯勒300C

图4-46 克莱斯勒300C

图4-47 克莱斯勒PT巡游者(Cruiser)

克莱斯勒PT巡游者(Cruiser)如图4-47所示,是克莱斯勒另一款经典车型,在外观上最大的特点就是其与众不同的复古造型。中部高耸的发动机舱,位于四个边角的弧形轮拱,略向前倾的乘员舱无不显示出半个多世纪前的轿车造型。

2.吉普(Jeep)品牌

(1)品牌简介。吉普(Jeep)于1941年在美国俄亥俄州托莱多诞生,原本称此种车为GP,意即通用功能之意,后来由此变成"Jeep",中文译为吉普。由于Jeep汽车优越的越野性能,Jeep几乎已经成为了越野汽车的代名词。

(2)车型简介。吉普的主要车型包括牧马人(Wrangler)、自由光(Cherokee)、指南者(Compass)、指挥官(Command)等。

吉普牧马人最早问世于1986年,至今经历三代车型的演变。吉普牧马人一直是全世界越野爱好者的终极向往,它象征着自由和激情,以及对更纯粹生活方式的理解和追求。图4-48所示为2012款吉普牧马人罗宾汉(Rubicon)。

吉普自由光（Cherokee）是一款中型SUV，与Jeep传统的硬朗外形有些区别，如图4-49所示。除此之外，自由光最大亮点是将搭载全球首款9速自动变速器。

图4-48　2012款吉普牧马人罗宾汉（Rubicon）　　　　图4-49　吉普自由光（Cherokee）

(四)美系车总结

1.美系车特点

(1)发动机排量大，动力性好，但油耗高。

(2)车身宽大，悬架出色，隔音性好，舒适性好。

(3)安全配置高，安全性好。

(4)装配质量一般，小毛病多。

2.美系车对比

典型美系车车型对比见表4-6。

典型美系车对比　　　　　　　　　　　表4-6

分类、分级		别克	雪佛兰	福特
轿车	微型轿车	—	Spark	—
	小型轿车	—	爱唯欧、乐风	嘉年华
	紧凑型轿车	凯越、英朗、威朗	科鲁兹	福睿斯、福克斯
	中型轿车	君威、君越	景程、迈锐宝	蒙迪欧
	大中型轿车	荣御	—	金牛座
	大型/豪华轿车	—	—	—
SUV	小型SUV	昂科拉	创酷	翼博
	紧凑型SUV	—	—	翼虎
	中型SUV	昂科威	科帕奇	锐界
	中大型SUV	昂科雷	—	探险者
	大型SUV	—	—	—
MPV		—	GL8	麦柯斯

三、日系车介绍

(一)丰田汽车公司(Toyota)车型介绍

丰田汽车公司由丰田喜一郎于 1937 年创建,之前是"丰田自动织布机制造所"的汽车部,1936 年开始量产丰田 AA 型轿车。1967 年以后,丰田进入全盛时期,公司的发展可谓势如破竹。

1974 年,丰田收购了大发(Daihatsu)、日野(Hino)公司。1989 年,丰田在美国推出豪华汽车品牌雷克萨斯(Lexus,曾用名:凌志)。2002 年,丰田推出了品牌赛昂(Scion),以美国年轻人为消费群体,也被称为美国丰田。丰田汽车公司于 2008 年取代通用汽车公司而成为全世界排名第一的汽车生产厂商。

丰田汽车公司主营品牌如图 4-50 所示。

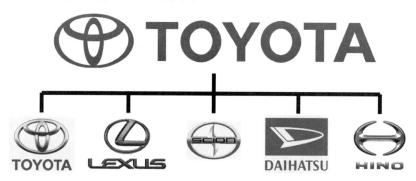

图 4-50　丰田汽车公司主营品牌

1. 丰田(Toyota)品牌

(1)品牌简介。丰田是全球最大的汽车公司。1933 年丰田喜一郎在丰田自动织布机制造所成立汽车部,1937 年汽车部正式从丰田自动织布机制造所中独立出来,成立丰田汽车工业公司。早期的皇冠、光冠、花冠汽车名噪一时,近来的克雷西达、雷克萨斯豪华汽车也极负盛名。

丰田车标如图 4-51 所示,由三个椭圆构成,大椭圆代表地球,中间由两个椭圆垂直组合成一个 T 字,代表丰田公司。它象征丰田公司立足于未来,对未来的信心和雄心。

(2)车型简介。丰田旗下主要车型包括卡罗拉(Corolla)、凯美瑞(Camry)、锐志(Reiz)、皇冠(Crown)、普锐斯(Prius)、RAV4、汉兰达(Highlander)、普拉多(Prado)、兰德酷路泽(Land Cruiser)、普瑞维亚(Previa)等。

图 4-51　丰田(Toyota)车标

第一代卡罗拉于 1966 年发布,当时作为一款国民车推出,由于价格低廉,受到了当时消费者的热捧,到如今已经发展到了第 11 代(图 4-52),现在的卡罗拉依然是全球最畅销的车型之一,全球累计销量近 4000 万辆以上,单一车型销量排名第一。

凯美瑞自1982年创立以来,平均每一分钟就有一位新车主选择凯美瑞。30余年来,历代凯美瑞都持续领先,赢得全球1600万车主的信赖,成为全球中级轿车的典范,多次被评为北美年度最佳中级轿车。2015款丰田凯美瑞如图4-53所示。

图4-52　2014款丰田卡罗拉(Corolla)

图4-53　2015款丰田凯美瑞(Camry)

注:日系车中,丰田凯美瑞的主要竞争对手是本田雅阁、日产天籁。

1997年丰田推出世界上第一个量产的混合动力车——普锐斯。在人们日益关注环保的今天,普锐斯因革命性地降低了车辆燃耗和尾气排放,其划时代意义与先进性得到了全世界的高度评价,曾获得北美及欧洲年度车的称号。普锐斯在全球已累计销售超过40万辆,是世界上销量最多的混合动力车。2012款丰田普锐斯如图4-54所示。

丰田于1951年推出第一代兰德酷路泽(Land Cruiser)FJ系列,从英文命名可以看出是以路虎(Land Rover)为竞争对象。到2007年,丰田一共推出了九代兰德酷路泽,已成为世人皆知的四驱之王。2014款丰田兰德酷路泽如图4-55所示。

图4-54　2012款丰田普锐斯(Prius)

图4-55　2014款丰田兰德酷路泽(Land Cruiser)

2. 雷克萨斯(Lexus)品牌

(1)品牌简介。1989年,丰田汽车公司在美国推出雷克萨斯(Lexus,曾用名:凌志)品牌,当时在全球高级车坛引起震撼,有人甚至预测德国豪华轿车说不定将被迫退出美国市场。到今天,雷克萨斯已经席卷顶级买家的市场,成为全美最畅销的高级轿车。

雷克萨斯车标如图4-56所示,采用车名"Lexus"字母"L"的大写,"L"的外面用一个椭圆包围的图案。椭圆代表着地

图4-56　雷克萨斯车标

球,表示雷克萨斯轿车遍布全世界。

(2)车型简介。雷克萨斯旗下主要车型包括 LS、ES、CS、IS、CT 等系列。

LS 系列是雷克萨斯最顶级的车型,第一款 LS 车型是雷克萨斯 1989 年在北美推出的雷克萨斯 LS400,如图 4-57a)所示。一经推出即广受好评,许多人都还记得 LS400 的经典广告片:在起动运转的发动机罩上,一个接一个的香槟杯高高叠起,形成一个水晶杯塔,即便发动机全速运转,杯塔始终稳如泰山;要庆祝车坛新贵诞生,这的确是最佳的方式。最新的车型为 LS460,如图 4-57b)所示。

a)雷克萨斯 LS400

b)雷克萨斯 LS460

图 4-57 雷克萨斯 LS 系列

图 4-58 2014 款雷克萨斯 CT200h

CT200h 作为雷克萨斯首款紧凑型 5 门豪华轿车,如图 4-58 所示,是全球第一款搭载了完全油电混合动力系统的豪华掀背车型。它专为那些追求卓越品质又倡导低排放的人群而打造,将前瞻性油电混合动力科技与舒适性、便捷性以及匠心独具的人车互动系统完美结合,为顾客提供尊崇备至的驾乘体验。

注:从 2004 年开始,丰田汽车公司基于旗下产品全球统一命名的考虑,将 Lexus 的中文名由凌志改为雷克萨斯,将 Corolla 由花冠改为卡罗拉,将 Camry 由佳美改为凯美瑞,将 Prado 由霸道改为普拉达,将 Land Cruiser 由陆地巡洋舰改为兰德酷路泽。

(二)本田汽车公司(Honda)车型介绍

本田汽车公司由本田宗一郎于 1948 年创建,世界十大汽车厂家之一。本田汽车公司是一家拒绝长大的公司,是少数几家保持独立的汽车制造商。本田的雅阁和思域汽车历年来被用户评为质量最佳和最受欢迎的汽车。

1986 年,本田汽车公司在美国创建豪华车品牌——讴歌(Acura)。

本田汽车公司主营品牌如图 4-59 所示。

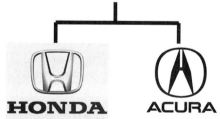

图 4-59 本田汽车公司主营品牌

1. 本田(Honda)品牌

(1) 品牌简介。本田汽车公司建于1948年9月,全称为"本田技研工业股份有限公司"。本田公司从制造自行车辅助发动机开始起步,1963年开始发展汽车业务。本田公司非常重视车辆安全性,在日本首创了防抱死制动系统、安全气囊系统,在世界上首创了电控转向系统、前驱车辆的牵引力控制系统。

本田车标如图4-60所示,是三弦音箱式商标,也就是带框的"H",图案中的H是Honda(本田)的第一个字母。

(2) 车型简介。本田旗下主要车型包括飞度(Fit)、思域(Civic)、雅阁(Accord)、里程(Legend)、歌诗图(Crosstour)、XR-V、CR-V、奥德赛(Odyssey)等。

本田雅阁(Accord)于1976年在日本问世,历经了前后9代30多年的成长历程,累计销量超过2000万辆,多次被评为北美最佳中级轿车。2013款第九代本田雅阁如图4-61所示。

图4-60 本田车标

本田思域于1973年问世,40年间历经九代辉煌,全球累计销量超过2200万辆。2013款第九代本田思域如图4-62所示。

图4-61 2013款第九代本田雅阁(Accord)

图4-62 2013款第九代本田思域(Civic)

2. 讴歌(Acura)品牌

(1) 品牌简介。讴歌(Acura)是本田汽车公司旗下的高端子品牌,于1986年3月27日在美国创立,其名称Acura源于拉丁语Accuracy(精确)。作为第一个日系豪华汽车品牌,讴歌以个性化和前瞻科技的"运动豪华"理念对豪华车的概念进行了重新诠释,品牌一经推出即在北美市场获得了巨大的成功。

讴歌车标如图4-63所示,是一个用于工程测量的卡钳形象,反映出讴歌精湛的造车工艺与追求完美的理念。

(2) 车型简介。讴歌的车型均在北美进行设计、开发和生产,旗下主要车型包括TL、RL、MDX、NSX等。

NSX是本田的超跑车型,被誉为日本"国宝级"的车型。第一代NSX是于1990年推出,采用了业界首创的全铝车身,以超跑的性能和较低的售价被奉为"平民法拉利",2015年推出全新第二代NSX,如图4-64所示。

图4-63 讴歌车标

第一代讴歌 TL 于 1995 年推出，至今已推出四代产品，如图 4-65 所示。讴歌 TL 被誉为"为驾驶者打造高性能豪华汽车"。

图 4-64　2015 款第二代讴歌 NSX　　　　　　图 4-65　2012 款第四代讴歌 TL

（三）日产汽车公司（Nissan）车型介绍

1933 年 12 月 26 日，鲇川义介创建日产汽车公司。1966 年 8 月日产收购日本王子（Prince）汽车公司，获得了 Skyline、Gloria 等车型。1999 年 3 月日产与法国雷诺汽车公司签订战略联盟。2010 年 4 月 7 日雷诺-日产联盟与戴姆勒公司建立战略联盟。

目前，日产汽车公司已成为世界第六大汽车制造商。日产也是世界著名的汽车发动机制造商之一，它的 VQ 系列发动机在 1995～2008 年间，已连续 14 年入选沃德十大最佳汽车发动机。另外，日产的无级变速器亦是世界知名。

日产汽车公司主营品牌如图 4-66 所示。英菲尼迪是日产的豪华轿车品牌，与丰田的雷克萨斯、本田的讴歌同为竞争对手。达特桑品牌于 1932～1983 年期间使用，2012 年在海外重启。

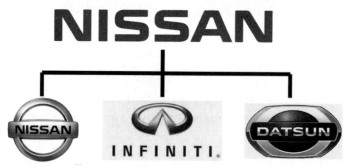

图 4-66　日产汽车公司主营品牌

1. 日产（Nissan）品牌

（1）品牌简介。日产创建于 1933 年，最开始以达特桑（Datsun）品牌生产汽车。20 世纪 50 年代开始，日产汽车开始寻求国外技术帮助提升自身产品技术。1952 年，开发出技术水平明显提高的"DATSUN"210 型轿车。随后，相继开发出蓝鸟、阳光等著名车型。日产以技术而闻名。

日产车标如图 4-67 所示，圆表示太阳，中间的字是"日产"两字的日语拼音形式，整个图案的意思是"以人和汽车明天为目标"。

(2)车型简介。日产旗下主要车型包括玛驰(March)、骐达/颐达(Tiida)、阳光(Sunny)、轩逸(Sylphy)、天籁(Teana)、逍客(Qashqai)、奇骏(X-Trail)、GT-R等。

一提到日产,很多人第一时间想到的可能是日产的超级跑车GT-R,如图4-68所示。这个被尊为日本国宝级的车型的确是日产皇冠上的那颗最亮的明珠,它厚重的历史、出色的性能显示了日产在技术领域的实力,也是"技术日产"的最好诠释。

图4-67　日产车标

蓝鸟(Bluebird)是日产汽车在1959年推出的一个轿车系列。日产蓝鸟和丰田光冠、花冠系列一样,成为日本汽车进军美国市场的主力军,也是日产历史上生产周期最长、累计生产数量最多的车型系列。第9代蓝鸟于2000年推出市场,改名为轩逸(Sylphy)。作为一款紧凑型家用轿车,轩逸具有日产家族典型的外形,并且具有内部空间大、油耗低的特点。2014款日产轩逸如图4-69所示。

图4-68　2015款日产 GT-R

图4-69　2014款日产轩逸(Sylphy)

2. 英菲尼迪(Infiniti)品牌

(1)品牌简介。英菲尼迪于1989年11月8日在美国创建,是日产汽车公司旗下的豪华车品牌,与雷克萨斯、宝马、奔驰在北美市场分庭抗礼,并且迅速成长为北美重要的豪华车品牌。

图4-70　英菲尼迪车标

英菲尼迪车标如图4-70所示,椭圆曲线代表无限扩张之意,也象征着"全世界";两条直线代表通往巅峰的道路,象征无尽的发展。

(2)车型简介。英菲尼迪自2014款起,将以字母"Q"作为其轿车、轿跑车和敞篷车型系列的命名前缀,以字母"QX"作为其SUV车型和跨界车型的命名前缀,在Q或QX之后再以一个两位字来划分车型的级别。英菲尼迪旗下主要车型包括:Q50、Q60、QX50等。

1989年英菲尼迪成立后推出的第一款豪华轿车为Q45,如图4-71所示,其主要竞争对手为同期的奔驰S级、宝马7系、雷克萨斯LS400等车型。

2015年推出的英菲尼迪Q60如图4-72所示,是基于Q50开发的豪华轿跑车。英菲尼迪

Q60采用奔驰发动机,并具有英菲尼迪标准的家族造型。

图4-71 2003款英菲尼迪Q45

图4-72 2015款英菲尼迪Q60

(四)日系车总结

1. 日系车特点

(1)多采用自然吸气发动机,节油技术先进。

(2)多采用无级变速器(CVT)和手自一体自动变速器,技术成熟,与发动机匹配好。

(3)车身轻量化,油耗低;但高速时车容易发飘。

(4)内部设计人性化,舒适性好,空间大。

(5)多采用成熟技术,质量好,故障率低,使用成本低,性价比高。

(6)车身设计采用缓冲吸能理论,维修成本高。

(7)丰田车混合动力技术先进;日产车CVT技术先进;本田自然吸气发动机动力足。

2. 日系车对比

典型日系车车型对比见表4-7。

典型日系车对比　　　　　　　　　　　　　　　表4-7

分类、分级		丰田/雷克萨斯	本田/讴歌	日产/英菲尼迪
轿车	小型轿车	雅力士	飞度	玛驰、阳光
	紧凑型轿车	卡罗拉	思域	骐达、轩逸
	中型轿车	凯美瑞、锐志	雅阁、思铂睿	天籁、英菲尼迪Q50
	大中型轿车	皇冠、雷克萨斯ES	里程、讴歌RLX	风雅、英菲尼迪Q70
	大型/豪华轿车	雷克萨斯LS	讴歌RL	—
SUV	小型SUV	—	XR-V、缤智	逍客
	紧凑SUV	RAV4	CR-V	奇骏
	中型SUV	汉兰达、雷克萨斯NX	讴歌RDX	楼兰、英菲尼迪QX50
	中大型SUV	兰德酷路泽、雷克萨斯LX	讴歌MDX、ZDX	英菲尼迪QX60、QX70
	大型SUV	红杉	—	途乐、英菲尼迪QX80
MPV		—	逸致、普瑞维亚、埃尔法、	奥德赛、艾力绅	NV200、贵士

四、韩系车介绍

(一)现代起亚汽车公司(Hyundai Kia)车型介绍

现代起亚汽车集团的前身是现代汽车公司。现代汽车公司由郑周永于1967年创建,1998年,现代收购起亚汽车公司,并在2000年成立现代起亚汽车集团。目前,现代起亚汽车集团是世界第五大汽车制造商。

现代起亚汽车集团主营品牌如图4-73所示。

图4-73 现代起亚汽车集团主营品牌

1. 现代(Hyundai)品牌

(1)品牌简介。现代汽车公司成立于1967年,是韩国最大的汽车公司。现代创业初期是与福特汽车公司合作。1974年,现代首款量产自主车型"小马(Pony)"问世。1981年,现代与三菱汽车公司合作。1986年,卓越(Excel)汽车进入美国市场,当年即售出16万辆,创下汽车业销售奇迹,从而奠定了现代汽车的国际地位。

现代车标如图4-74所示,椭圆内的斜字母H是Hyundai的首个字母,椭圆既代表汽车转向盘,又可看作地球,两者结合寓意了现代汽车遍布世界。

图4-74 现代车标

(2)车型简介。现代旗下主要车型包括雅科仕(Equus)、索纳塔(Sonata)、伊兰特(Elantra)、雅绅特(Accent)、瑞纳(Verna)、酷派(Coupe)、途胜(Tucson)、ix25等。

索纳塔(Sonata)是现代主打的一款中级轿车,第一代于1985年推出,至今已推出第九代(国外是第七代),如图4-75所示,累计生产超过680万辆,已成为丰田凯美瑞、本田雅阁等畅销车的强劲竞争对手,期中第八代索纳塔在2013年获得北美年度最佳中级轿车。

伊兰特(图4-76)是典型韩国车,也是现代销售业绩最好的车型,它已经经历了六代,全球累计销量超过1000万辆。伊兰特2012年曾被评选为北美年度车型。

图4-75 2015款第九代索纳塔(Sonata)

图4-76 2011款第五代现代伊兰特(国内称为"朗动")

2. 起亚(Kia)品牌

(1)品牌简介。起亚是韩国最早的汽车制作商,成立于1944年,前身名为"京城精密工业"。1998年,起亚被现代公司收购,并且在2000年,与现代汽车公司一起成立"现代起亚汽车集团"。所以,许多起亚的车型与现代共用同一平台。

图4-77 起亚车标

起亚车标如图4-77所示,由亮红的椭圆、白色的背景和红色的"KIA"字样组成。起亚的名字,源自汉语,"起"代表起来,"亚"代表在亚洲。因此,起亚的意思,就是"起于东方"或"起于亚洲"。

(2)车型简介。起亚旗下主要车型包括锐欧(Rio)/K2、秀尔(Soul)、远舰(Optima)、欧菲莱斯(Opirus)/K5、嘉华(CARNIVAL)、狮跑(Sportage)等。

第一代K2于2000年推出,当时命名为Rio,用于替代普莱特(Pride);第二代于2005年推出,也命名为Rio,与现代雅绅特共用一个平台;第三代于2011年推出,在中国称为K2,具有起亚家族式前脸——虎啸式前脸,如图4-78所示。

第一代狮跑(Sportage)于1993年推出,至今已有三代产品。狮跑堪称都市SUV车型的开山鼻祖,是韩国汽车唯一在世界汽车历史上称为新时代汽车象征的一款车。2011款第三代起亚狮跑如图4-79所示。

图4-78 2011款第三代K2

图4-79 2011款第三代起亚狮跑(Sportage)

(二)大宇汽车公司(Daewoo)车型介绍

1.品牌简介

1967年,金宇中创建新韩公司,后改为新进公司;1983年改为大宇汽车公司;2000年11月8日,大宇汽车公司破产;2002年10月28日,成立通用大宇汽车公司;2011年更名为通用韩国。

大宇车标如图4-80所示,代表地球和开放的花朵。

2.车型简介

大宇主要车型包括马蒂兹(Matiz)、旅行家(Nubira)、卡洛斯(Kalos)、美男爵(Magnus)、拉赛蒂(Lacetti)等。

图4-80 大宇车标

大宇被通用收购后,许多车型与通用是同一款车型,具体情况见表4-8。

大宇与通用车型对比　　　　　　　　　　表 4-8

大 宇 车 型	通 用 车 型	图　　例
大宇马蒂兹（Matiz）	雪佛兰 Spark	
大宇旅行家（Nubira）	别克凯越（Excelle）	
大宇卡洛斯（Kalos）	雪佛兰乐风（Lova）	
大宇美男爵（Magnus）	雪佛兰景程（Epica）	

续上表

大宇车型	通用车型	图 例
大宇拉赛蒂(Lacetti)	雪佛兰科鲁兹(Cruze)	

(三)韩系车总结

1. 韩系车特点

(1)与日系车有很多相同的特点,但品牌形象比日系车稍差。

(2)车身造型多出自世界著名设计师的手笔,如现代由托马斯·伯克尔设计,起亚由彼得·希瑞尔设计,造型漂亮。

(3)个别车型已达到顶级车的设计与制造水平,如第八代索纳塔 2014 年获得过北美最佳中级轿车的称号。

2. 韩系车对比

典型韩系车车型对比见表 4-9。

典型韩系车对比　　　　表 4-9

分类、分级		现代	起亚	大宇
轿车	微型轿车	—	—	马蒂兹
	小型轿车	瑞纳	K2、秀尔	卡洛斯
	紧凑型轿车	伊兰特(悦动、朗动)	K3、赛拉图	拉塞蒂
	中型轿车	索纳塔、名图	K4、K5	美男爵
	大中型轿车	捷恩斯	K9	政治家
	大型/豪华轿车	雅科仕	—	—
SUV	小型 SUV	ix25	KX3	—
	紧凑型 SUV	途胜、ix35	狮跑	—
	中型 SUV	胜达	索兰托	Winstorm
	中大型 SUV	—	霸锐	—
MPV		H-1	嘉华、佳乐	奥兰多

五、法系车介绍

(一)标致雪铁龙汽车公司(PSA)车型介绍

法国标致雪铁龙集团(PSA Peugeot Citroën,PSA)是一家法国汽车制造企业,1976 年成立。标致雪铁龙集团的起源可追溯到 1882 年,那年法国人阿尔芒·标致(Armand Peugeot)创建标致汽车公司,开始涉足汽车领域。1919 年,法国人安德烈·雪铁龙(André Citroën)创建雪铁龙汽车公司。1976 年,标致公司收购雪铁龙公司,组建了标致雪铁龙集团。

标致雪铁龙集团主营品牌如图 4-81 所示。

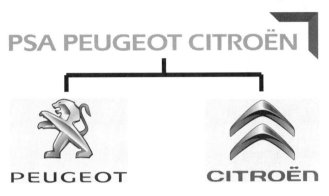

图 4-81　标致雪铁龙集团主营品牌

1. 标致(Peugeot)品牌

(1)品牌简介。标致公司是欧洲老牌的汽车厂商,1882 年开始进入汽车领域,1976 年收购了雪铁龙公司,组建为标致雪铁龙集团。标致是赛车比赛的常胜将军,如标致 206 多次获得世界汽车拉力锦标赛的冠军。

标致车标如图 4-82 所示,是一个雄狮的标志。

图 4-82　标致车标

(2)车型简介。标致旗下主要车型包括 107、206、307、408、508、607 等。标致车型的命名采用 x0y 格式。x 表明汽车的级别(数字越大,级别越高),y 表明型号(数字越大,型号越新)。从 2005 年开始,标致在高大车身的车型中,以 x00y 的格式命名,如 3008,这是一款 SUV。

标致 206(图 4-83)于 1998 年推出,2000～2002 年连续三年获得世界拉力锦标赛冠军。其主要竞争对手是雪铁龙 C2、大众波罗、福特嘉年华。

图 4-83　标致 206

图 4-84 标致 407Coupe

标致 407Coupe（图 4-84）于 2005 年在法兰克福车展推出，令人惊艳的外形使得该车有"法国美男子"的美誉。

2. 雪铁龙（Citroen）品牌

（1）品牌简介。雪铁龙汽车公司 1919 年成立，是法国最早采用流水线生产的公司，在汽车领域许多新技术也是最先采用，如前置前驱、整体式车身、四轮液压制动等。1976 年雪铁龙公司被标致公司收购。

雪铁龙车标如图 4-85 所示，是一个人字形齿轮的图案，因为雪铁龙公司最开始是以生产人字形齿轮起家的，该车标一直沿用至今。

图 4-85 雪铁龙车标

（2）车型简介。雪铁龙旗下主要车型包括 C2、C3、C4、C5、C6、DS 系列等。

2004 年雪铁龙推出 C4 车型，它搭载了雪铁龙最新的技术，将中央集控式转向盘、全新 CVVT 可变气门发动机引入其中，是一款与众不同且新意十足的轿车。雪铁龙 C4 多次获得世界拉力锦标赛冠军，如图 4-86 所示。

图 4-86 雪铁龙 C4

1955 年雪铁龙首次发布 DS 车型，该车超前的设计在此后的 20 年内都引领潮流，完全改变了此前汽车在人们心中的形象，号称"马路皇后"。一年后，DS 成为法国政府的总统专属用车。1999 年雪铁龙 DS 被评为"世纪之车"。目前雪铁龙 DS 是标致雪铁龙集团的高端车系，如图 4-87 所示。

a) 1955 款雪铁龙 DS　　　　　　　　　　b) 2015 款雪铁龙 DS5

图 4-87 雪铁龙 DS

(二)雷诺汽车公司(Renault)车型介绍

1. 品牌简介

雷诺公司于1899年由路易斯·雷诺(Louis Renault)三兄弟创建,1999年雷诺收购罗马尼亚的达西亚(Dacia)。2000年雷诺收购了韩国的三星汽车(Samsung Motors)。1999年雷诺与日产签署协议,形成战略联盟;2010年雷诺-日产联盟与戴姆勒公司建立战略联盟。雷诺是法国第二大汽车公司。

雷诺公司主营品牌如图4-88所示。

下面主要介绍雷诺品牌。

雷诺车标如图4-89所示,是四个菱形拼成的图案,象征雷诺三兄弟与汽车工业融为一体,表示"雷诺"能在无限的(四维)空间中竞争、生存、发展。

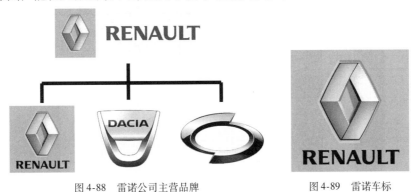

图4-88 雷诺公司主营品牌　　　　　图4-89 雷诺车标

2. 车型简介

雷诺旗下主要车型包括梅甘娜(Megane)、克丽欧(Clio)、拉古娜(Laguna)、丽人行(Twingo)、太空车(Espace)等。

雷诺丽人行(Twingo)于1992年推出,是一款面向年轻消费者的微型轿车,一上市就受到欧洲年轻消费群体的欢迎,他们喜欢它的个性,它不仅仅是一款车,更是一种友好、简单、轻松和快乐的生活方式。丽人行曾两度获得欧洲年度车称号,如图4-90所示。

科雷傲是雷诺打造的首款SUV,是2006年巴黎车展亮相的Koleos概念车的量产车型,它的发动机及变速器等核心技术采用与日产奇骏相同平台的技术,同时增加了雷诺汽车独特的设计风格和更多人性化设计,并维系了雷诺一贯的科技和安全水准。2014款雷诺科雷傲如图4-91所示。

图4-90 雷诺丽人行(Twingo)　　　　　图4-91 2014款雷诺科雷傲(Koleos)

(三)法系车总结

1. 法系车特点

(1)外观造型前卫、大胆,充分体现法国人浪漫的性格。
(2)内部人性化,舒适性高。
(3)底盘技术优秀,操控性好,多个车型获得世界拉力锦标赛的冠军。
(4)设计太超前,国人不太接受,如雪铁龙毕加索。
(5)装配工艺一般,小问题偏多。

2. 法系车对比

典型法系车车型对比见表4-10。

典型法系车对比　　　　　　　　　　　表4-10

分类、分级		标致	雪铁龙	雷诺
轿车	微型轿车	107、108	C1	丽人行
	小型轿车	206、207	C2、C3	—
	紧凑型轿车	307、308、407	C4	风朗、梅甘娜
	中型轿车	508	C5	纬度
	大中型轿车	607	C6	塔利斯曼
SUV	小型SUV	2008	C3-XR	卡缤
	紧凑型SUV	3008、4008	C4 Aircross	科雷傲
MPV	—	5008	毕加索	风景

六、我国自主品牌车介绍

(一)长城汽车公司(GWM)车型介绍

1. 品牌简介

长城汽车公司成立于1984年,是我国最大的SUV和皮卡制造企业,产品涵盖SUV、轿车、皮卡三大品类。旗下拥有哈弗、长城两个品牌,SUV类别品牌命名为"哈弗",轿车、皮卡类别品牌命名为"长城"。哈弗SUV连续13年在我国SUV销量排名第一。

哈弗(Haval)车标如图4-92所示,代表着have all(无所不能)的含义。长城车标如图4-93所示,椭圆形里面有个长城烽火台,椭圆形意味着面向世界,烽火台代表着中国传统文化。

图4-92　哈弗(Haval)车标

图4-93　长城车标

单元四 主流车系介绍与特点分析

2. 车型简介

哈弗品牌的主要车型包括 H1、H2、H5、H6、H8、H9 等;长城品牌的主要车型包括 C30、C50、风骏 5、长城 M2 等。

哈弗 H6(图 4-94)是国内市场最成功的 SUV,上市 4 年累计销售超过 100 万辆,同时也是国内唯一一款月销量突破 4 万辆的 SUV 车型。

风骏皮卡是长城汽车公司推出的经典力作,连续 14 年全国销量第一,市场保有量 70 万辆,出口并热销 100 个国家和地区,连续 10 年中国汽车出口额第一。风骏皮卡外形与国际接轨,威猛大气,做工精细,线条饱满,特立独行,是引领皮卡发展的时尚先锋;舒适丰富的配置,更是全面提升了驾乘者的感受,是皮卡行业的绝对标杆。图 4-95 所示为长城风骏 5。

图 4-94 哈弗 H6

图 4-95 长城风骏 5

(二)吉利汽车公司(Geely)车型介绍

1. 品牌简介

吉利汽车公司成立于 1986 年,1997 年进入轿车领域。1998 年 8 月吉利第一辆汽车豪情下线。2009 年 12 月 23 日,吉利收购沃尔沃汽车。2014 年 4 月 18 日,吉利宣布将原有的帝豪、全球鹰、英伦三个子品牌汇聚为统一的吉利品牌。吉利目前有 KC、帝豪、豪情、远景、金刚、熊猫六大系列轿车。

吉利车标如图 4-96 所示,以帝豪 LOGO 为基础,融入了原有吉利 LOGO 的蓝色,寓意着吉利品牌集聚既往精华,在演进中获得新生。

图 4-96 吉利车标

2. 车型简介

帝豪以"卓越、稳健、尊崇"为品牌主张,代表了吉利汽车安全、节能、环保的发展方向。帝豪 EC7 于 2009 年下线,2010 年发布帝豪 EC8,随后陆续推出新帝豪、帝豪电动车,是吉利销售最好的品牌。图 4-97 所示为 2014 款新帝豪 EC7。

吉利 GX7 于 2012 年上市,是吉利旗下首款 SUV 车型,原为吉利全球鹰 GX7。2014 年推出小改款车型,并统一于吉利品牌,称为吉利 GX7。图 4-98 所示为 2014 款吉利 GX7。

图 4-97　2014 款新帝豪 EC7

图 4-98　2014 款吉利 GX7

(三)比亚迪汽车公司(BYD)车型介绍

1. 品牌简介

比亚迪公司由王传福创建于 1995 年。2003 年比亚迪收购西安秦川汽车有限责任公司,正式进入汽车领域,开始民族自主品牌汽车的发展征程。

图 4-99　比亚迪车标

发展至今,比亚迪汽车形成了集研发设计、模具制造、整车生产、销售服务于一体的完整产业链组合。比亚迪汽车坚持自主品牌、自主研发、自主发展的发展模式,以"打造民族的世界级汽车品牌"为产业目标,立志振兴民族汽车产业。

比亚迪车标如图 4-99 所示,由 BYD 三个字母和一个椭圆组成,BYD 的意思是 Build Your Dreams,即为成就梦想。

2. 车型简介

比亚迪 F3 于 2005 年推出,曾连续 10 个月保持全国销量总冠军。2008 年推出 F3DM,是全球第一款不依赖充电站的双模电动车。2012 年推出全新 F3,如图 4-100 所示。

比亚迪秦于 2013 年推出,是比亚迪自主研发的 DM 二代高性能三厢轿车,如图 4-101 所示。2014 年是新能源汽车真正普及的消费元年,比亚迪秦全年销售 14747 辆,成为新能源汽车年度销量冠军。

图 4-100　2012 款比亚迪新 F3

图 4-101　比亚迪秦

(四)奇瑞汽车公司(Chery)车型介绍

1. 品牌简介

奇瑞汽车公司是一家从事汽车生产的国有控股企业,1997 年 1 月 8 日成立,总部位于安徽省芜湖市。公司产品覆盖乘用车、商用车、微型车等领域,奇瑞汽车9年蝉联中国自主品牌销量冠军,成为中国自主品牌中的代表和精品。

2007年,奇瑞汽车公司与以色列集团合资成立观致汽车公司。

2012年,奇瑞汽车公司与英国捷豹公司合资成立奇瑞捷豹路虎汽车公司。

2013年之前奇瑞汽车公司有奇瑞、瑞麟、威麟、开瑞四个品牌。2013年4月,奇瑞公司将开瑞品牌剥离,只保留奇瑞一个品牌,并发布了新的奇瑞logo(车标)。

奇瑞车标如图4-102所示,是英文字母CAC一种艺术化变形;CAC即英文Chery Automobile Corporation的缩写,中文意思是奇瑞汽车公司;标志中间A为一变体的"人"字,预示着公司以人为本的经营理念;徽标两边的C字向上环绕,如同人的两个臂膀,象征着一种团结和力量,环绕成地球型的椭圆状;中间的A在椭圆上方的断开处向上延伸,寓意奇瑞公司发展无穷,潜力无限,追求无限。

图4-102　奇瑞车标

2. 车型简介

QQ是奇瑞2003年推出的一款微型车,2006年推出三厢升级版QQ6,2009年推出QQme,长期以来,有着"微轿之王"美誉的奇瑞QQ凭借其时尚的造型、超低的油耗及出色的安全性能深受广大消费者喜爱。奇瑞QQ如图所4-103示。

2005年奇瑞推出瑞虎,2013年推出瑞虎5,2014年推出瑞虎的升级版瑞虎3,形成系列SUV,远销80多个国家,累计销量超过80万辆。瑞虎5如图4-104所示。

图4-103　奇瑞QQ

图4-104　瑞虎(Tiggo)5

(五)一汽轿车汽车(FAW car)公司车型介绍

1. 品牌简介

一汽轿车于1997年成立,是一汽集团的自主品牌轿车企业,包括红旗、一汽奔腾、一汽欧朗。

红旗是中国一汽的自主品牌、自有商标,诞生于1958年,红旗定位于高端轿车,在国内乃至国际上都拥有很高的知名度。目前具有L、H两大系列红旗整车产品。红旗车标如图4-105所示。

奔腾(Besturn)是一汽轿车2006年推出的自主品牌产品,目前已具有B30、B50、B70、B90、X80五个车型,形成了中高级轿车、中级轿车、经济型轿车和SUV车型的多车型组合的产品阵容。奔腾的车标如图4-106所示。

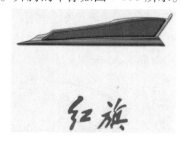

图4-105 红旗车标

图4-106 一汽奔腾车标

欧朗(Oley)是一汽轿车为年轻消费群体倾力打造的全新自主品牌车系,"激情、活力、时尚、运动"是欧朗的四大品牌元素。欧朗采用与奔腾同样的一汽"鹰"字车标。

2. 车型简介

红旗L5如图4-107所示,延续了经典的红旗CA770的设计,外观传承了很多经典元素。新车前脸的设计源自2009年国庆检阅车CA7600J,外观设计大气端庄,圆形的前照灯和前部流线型红旗立标是红旗汽车十分经典的设计元素。红旗L5凭借其超过500万元的售价,顶着"自主劳斯莱斯"的名头一直备受关注,该车已经作为中国外交礼宾用车,出现在许多重大外交场合。

奔腾B70是一汽轿车推出的中级轿车,如图4-108所示。B70源于优秀的合资平台血统（马自达6）,以完美的驾驭性能和时尚动感的设计见长,具有超越性的流线动感风格,同时全新先进平台、优异操控性能、高性能增压发动机使得B70具有非凡的驾驭体验。

图4-107 红旗L5

图4-108 2016款一汽奔腾B70

(六)自主品牌车总结

1. 自主品牌车特点

(1)许多车型都参照国外某款车型进行仿造,如奇瑞QQ参考雪佛兰Spark、比亚迪F0参考丰田花冠、奔腾B70参考马自达6等。

(2)由于国家产业政策的支持,自主品牌纯电动车在国内市场占有一定的地位。

(3)在发动机、变速器等总成的研发逐渐加大投入,具有一些自主产权技术。

(4)配置较高,性价比较好。

(5)装配工艺一般,小问题偏多。

2. 自主品牌车对比

典型自主品牌车车型对比见表4-11。

典型自主品牌车对比　　　　　　　　　　　　　　　　表4-11

分类、分级		长城/哈弗	吉利	比亚迪	奇瑞	一汽轿车
轿车	微型轿车	长城精灵	熊猫	F0	QQ	—
	小型轿车	长城C20R	金刚	—	E3	欧朗
	紧凑型轿车	长城C30、C50	帝豪	F3、G3	E5、艾瑞泽7	奔腾B30
	中型轿车	—	EC8	G6	旗云5	奔腾B70
	大中型轿车	—	—	—	—	红旗H7
SUV	小型SUV	H2	GX5	元	瑞虎3	—
	紧凑型SUV	哈弗H5、H6	GX7	宋	瑞虎5	奔腾X80
	中型SUV	—	豪情SUV	S7、唐	—	—
	中大型SUV	哈弗H8、H9	—	—	—	—
MPV		—	长城V80	EV8	e6、M6	艾瑞泽M7	—

单元小结

(1)每个国家汽车的特点跟各自的国情、国民的性格等都有很大的关系。

(2)德国人严谨,德系车以设计、制造精良而著称;同时由于德国高速不限速,也要求德系车注重安全性。

(3)美国被称为"汽车轮子上的国家",美国人追求宽敞、舒适、快速,所以美系车普遍比德系车宽、大,配置高、舒适性好,发动机动力足,油耗高。

(4)日本人被称为"亚洲的德国人",所以日系车普遍质量好,在2015年J.D.Power全球汽车品牌可靠性排名中,第一名为雷克萨斯,前5名有三个日系车品牌;另外,日本资源匮乏,使得日系车非常注重节油技术;同时,日本高速限速为80~100km/h,日系车的安全性比德系、美系车稍弱。

(5)韩系车吸收了美系车、日系车很多技术,但整体上比日系车、美系车还有一定差距,但车身造型漂亮。

(6)法国人的浪漫在法系车上有充分的体现,如内部设计、外部造型等,但同一款法系车,如雪铁龙毕加索在欧洲销量很好,但在国内很难卖出;由于法国街道狭窄,法系车多产两厢车。

(7)国产自主品牌车的整体设计能力、车的质量都低于欧、美、日系车,缺乏自主知识产权的优秀产品,只能拼性价比,依靠低价高配来吸引消费者。

注:2015年J.D.Power美国车辆可靠性(USA VDS)研究前十名排名如图4-109所示。分数为每百辆车的问题数,分数越低,质量越高。

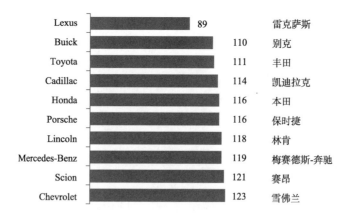

图4-109 2015年 J. D. Power 美国车辆可靠性(USA VDS)研究前十名排名

技能训练

1. 技能训练准备

（1）典型品牌汽车经销店。

（2）能上网的计算机(平板计算机)或手机。

2. 技能训练步骤、要求

（1）将学生分成若干组别，如 A 级车组、B 级车组、C 级车组、SUV 车组等。

（2）各组学生分别到各品牌汽车经销店调查、收集资料，有条件的可请汽车经销店销售人员进行讲解、介绍；如 A 级车组可以分别到一汽大众经销店了解高尔夫、速腾，到一汽丰田经销店了解卡罗拉、到长安福特经销店了解福克斯等。

（3）各组学生通过上网的计算机(平板计算机)或手机进一步查找相关车型的信息和资料。

（4）各组同学运用掌握的相关车型的信息和资料(来自网上或现场调查)进行 PPT 制作，以介绍该组别各对比车型的优缺点。

（5）有条件的可以通过 PPT 进行展示讲解，并由各组及老师进行打分、反馈。

思考与练习

(一) 填空题

1. 大众汽车公司的主要轿车包括波罗、高尔夫、甲壳虫、速腾、（　　）、辉腾等。

2. 宝马汽车公司主营品牌包括宝马、MINI 和（　　）。

3. Smart 品牌的"S"表示 Swatch(斯沃琪)、"m"表示（　　）。

4. 通用旗下的豪华车品牌是（　　）。

5. 美国的三大汽车厂商为通用、福特和（　　）。

6. 福特旗下的许多车型，如福睿斯、福克斯、蒙迪欧等都采用了家族式的（　　）脸造型。

7. 丰田卡罗拉原来中文叫（　　），凯美瑞原来叫（　　），普拉达原来叫（　　），雷克萨斯原来叫（　　）。

8. 北京现代在国内生产的 Elantra 已经经历了三代,第一代叫伊兰特,第二代叫悦动,第三代叫(　　　　)。

9. 法国标致(　　　　)和雪铁龙(　　　　)都多次获得世界拉力锦标赛冠军。

10. 自主品牌许多车型在设计时都要参考国外车型,如比亚迪 F0 参考(　　　　),(　　　　)参考雪佛兰 Spark,奔腾 B70 参考(　　　　)。

(二)判断题

1. 德系三大豪华车包括奔驰、宝马、劳斯莱斯。　　　　　　　　　　　　(　　)
2. 梅赛德斯-AMG 的竞争对手包括宝马 M 系、奥迪 RS 系列、保时捷等。　(　　)
3. 劳斯莱斯是顶级豪华车的代表。　　　　　　　　　　　　　　　　　　(　　)
4. 在美国本土,通用旗下目前还有别克、雪佛兰、庞蒂克三个轿车品牌。　(　　)
5. 福克斯是福特累计销量最多的车型。　　　　　　　　　　　　　　　　(　　)
6. 大众高尔夫、宝马 MINI、雪铁龙 DS 在 1999 年被评为世纪之车。　　　(　　)
7. 丰田卡罗拉是目前单一车型全球累计销量排名第一的汽车。　　　　　　(　　)
8. 丰田凯美瑞、本田雅阁、现代索纳塔都多次被评为北美年度最佳中级轿车。(　　)
9. 哈弗 H6 是国内市场最成功的 SUV。　　　　　　　　　　　　　　　　(　　)
10. 红旗 L5 被称为"中国的劳斯莱斯"、迈巴赫被称为"德国的劳斯莱斯"。(　　)

(三)简答题

1. 请查阅相关资料,说明一汽大众迈腾 B7L 与上海大众帕萨特 B7L 的异同。
2. 请查阅相关资料,说明丰田凯美瑞、本田雅阁、日产天籁三款车型的优缺点。
3. 请简述德系车、美系车、日系车的优缺点。
4. 请举例说明自主品牌车的优缺点。

单元五　汽车技术参数、性能与配置

 学习目标

1. 能够说出汽车主要技术参数与性能的含义；
2. 能够说出汽车主要配置的功能；
3. 能够在查阅相关资料的基础上，对比说明典型品牌车型的主要技术参数、性能与配置的异同。

一、汽车技术参数与性能

（一）基本参数与指标

汽车基本参数主要包括：生产厂商及品牌、车辆分类及级别、发动机类型、变速器类型、车身类型、最高车速、综合油耗、整车质保等信息。

1. 生产厂商及品牌

在我国销售车型的主要生产厂商及品牌见表5-1。

主要生产厂商及品牌　　　　　　　　　表5-1

品牌类型	生产厂商	品　　牌
合资品牌	一汽丰田	丰田
	一汽-大众	奥迪、大众
	一汽马自达	马自达
	华晨宝马	宝马
	北京奔驰	梅赛德斯-奔驰
	北京现代	现代
	东风本田	本田
	东风日产	日产、启辰
	东风英菲尼迪	英菲尼迪
	东风悦达起亚	起亚
	东风裕隆	纳智捷
	广汽本田	本田
	广汽菲克	菲亚特、Jeep
	广汽丰田	丰田

续上表

品牌类型	生产厂商	品牌
合资品牌	广汽三菱	三菱
	长安标致雪铁龙	DS
	长安福特	福特
	长安马自达	马自达
	长安沃尔沃	沃尔沃
	上汽通用	别克、雪佛兰、凯迪拉克
	上汽大众	大众、斯柯达
	神龙汽车	标致、雪铁龙
	郑州日产	日产、风度
自主品牌	北京汽车	幻速、绅宝、威旺、新能源
	比亚迪	比亚迪
	长安汽车	长安
	长城汽车	长城、哈弗、风骏
	重庆力帆	力帆
	东风乘用车	风神
	东风汽车	东风、风行、小康
	东南汽车	东南
	广汽乘用车	传祺
	广汽吉奥	吉奥
	广汽中兴	中兴
	观致汽车	观致
	哈飞汽车	哈飞
	海马汽车	海马
	华晨中华	中华
	华晨金杯	金杯
	江淮汽车	江淮
	吉利汽车	吉利
	陆风汽车	陆风
	奇瑞	奇瑞、瑞麟、威麟、开瑞
	上海汽车	荣威、名爵
	上汽通用五菱	五菱、宝骏
	一汽奔腾	奔腾
	一汽红旗	红旗
	一汽欧朗	欧朗
	众泰汽车	众泰

2. 车辆分类及级别

如单元二所述,车辆可以分为轿车、MPV、SUV、皮卡等。

轿车分为微型轿车、小型轿车、紧凑型轿车、中型轿车、中大型轿车、大型/豪华轿车。

SUV 分为小型 SUV、紧凑型 SUV、中型 SUV、中大型 SUV、大型 SUV。

MPV、皮卡由于车型较少,并没有很明确的分级。

3. 发动机类型

发动机可以从汽缸排列方式、汽缸数目、进气方式、燃油等方面分类。

(1)按照汽缸排列方式:发动机可以分为直列、V 形、W 形、水平对置几种布置形式。

直列发动机如图 5-1 所示,发动机所有汽缸排成一列,用"L"表示,如直列 3 缸发动机用 L3 表示,直列 4 缸用 L4 表示,直列 6 缸用 L6 表示。常见的直列发动机为 L4,L6 仅用于宝马等少数车型的发动机。

V 形发动机如图 5-2 所示,发动机汽缸分为左右两列,成 V 字形排列,一般夹角为 90°。常见的 V 形发动机有 V6、V8、V10、V12 等。如果 V 形发动机两列汽缸之间的夹角为 180°则为水平对置发动机,如图 5-3 所示。水平对置发动机常见于保时捷、斯巴鲁轿车。

两个 V 形发动机可以形成所谓的 W 形发动机,如图 5-4 所示。大众辉腾、奥迪 A8L 都采用 W12 发动机。

图 5-1　直列发动机(L4)

图 5-2　V 形发动机(V8)

图 5-3　水平对置发动机

图 5-4　W 形发动机(W12)

(2)按照发动机汽缸数目:发动机可以分为3缸、4缸、5缸、6缸、8缸、10缸、12缸等。

(3)按照发动机进气方式:发动机可以分为自然吸气发动机和增压发动机。

自然吸气是指发动机在进气行程中,混合气是靠自然形成的压力差进行吸气;增压是指先把气体压缩,提高气体的压力和密度,再将混合气送入汽缸;这样增加了进气量,提高了功率。增压一般是采用涡轮增压,即利用废气的能量驱动涡轮给进气增压。在发动机排量后面加上"T"来表示涡轮增压,如1.4T、1.8T等。由于涡轮增压要在发动机转速超过2000r/min以上才会起作用,车辆起步时无力,所以有些发动机会采用双增压,即除了涡轮增压,还有机械增压,以便在低转速时(小于1500r/min)发动机也有增压。

(4)按照燃油的不同:发动机可以分为汽油机、柴油机、混合动力等。

4. 变速器类型

变速器按照操纵方式可以分为手动变速器、自动变速器和手自一体变速器,按照前进挡挡位数可以分为4挡、5挡、6挡、7挡等。

(1)手动变速器:简称MT(Manual Transmission),换挡时需要驾驶人操纵变速杆进行换挡。目前常见的为5挡手动变速器,图5-5所示为某5挡手动变速器变速杆。

(2)自动变速器:简称AT(Automatic Transmission),能够根据加速踏板和车速变化自动换挡变速,驾驶人只需要控制加速踏板即可。

自动变速器按照结构、原理的不同,又可以分为液力自动变速器、无级变速器、双离合器变速器。

图5-5　5挡手动变速器(5MT)变速杆

液力自动变速器是最传统的自动变速器,一般用AT表示,图5-6所示为某4挡液力自动变速器(4AT)的选挡杆。

无级变速器英文简称CVT(Continuously Variable Transmission),这种变速器可以实现传动比的连续变化,从而实现了良好的经济性、动力性和驾驶平顺性。日系车多采用CVT,图5-7所示为日产蓝鸟CVT选挡杆。

图5-6　4挡液力自动变速器(4AT)的选挡杆

图5-7　日产蓝鸟CVT选挡杆

双离合器变速器英文简称DCT(Dual Clutch Transmission),大众公司把变速器称为DSG(Direct-Shift Gearbox——直接换挡变速器)。双离合器变速器属于机械自动变速器,保留了手动变速器传动效率高、油耗低的特点,又采用两套离合器进行换挡,缩短了换挡时间。欧美车系,特别是德系车多采用双离合器变速器,常见的为6挡、7挡DCT,图5-8所示为大众迈腾7挡双离合器变速器选挡杆。

(3)手自一体变速器:在自动变速器(AT)的基础上增加了手动换挡的装置,既可以保持传统的自动变速,又可以实现手动换挡,提高驾驶操纵性。目前绝大多数的AT都是手自一体的变速器,图5-9所示为大众高尔夫6挡手自一体变速器选挡杆。

图5-8　大众迈腾7挡双离合器变速器选挡杆

图5-9　大众高尔夫6挡手自一体变速器选挡杆

5. 车身类型

车身类型指车门数、座位数和车身结构。

车门数是指汽车车身上含行李舱门在内的总门数。这项参数可作为汽车用途的标志,普通的三厢轿车一般都是四门,一些运动型轿车有很多是两门,个别豪华车有六门设计的。一般的两厢轿车、SUV和MPV都是五门的(后门为掀起式),也有一些运动型两厢车为三门设计。

座位数是指汽车内含驾驶人在内的座位,一般轿车为五座:前排座椅是两个独立的座椅,后排座椅一般是长条座椅。一些豪华轿车后排则是两个独立的座椅,所以为四座。某些跑车则只有前排座椅,所以为两座。MPV和部分SUV则配有第三排座椅,所以为六座或七座。

车身结构包括二厢车、三厢车、MPV和SUV等。

例如,大众高尔夫为5门5座两厢车、大众迈腾为4门5座三厢车、别克GL8为5门7座MPV、大众途观为5门5座SUV。

6. 最高车速

最高车速是汽车动力性三大评价指标之一,是指在水平良好的路面(混凝土或沥青)上汽车能达到的最高行驶车速,单位为km/h。

需要注意的是,最高车速要在无风的条件下,而且是一段距离连续行驶的最高车速,不能是瞬间的速度。

常见车型厂家给出的最高车速见表5-2。

常见车型最高车速　　　　　　　　　　　　　表5-2

车辆级别	车型	最高车速(km/h)
紧凑型轿车	东风标致2015款标致308S 1.6T 6AT	215
	一汽丰田2016款卡罗拉双擎1.8L CVT	180
中型轿车	一汽-大众2015款迈腾1.8T 7DCT	215
	东风日产2015款天籁2.5L CVT	210
中大型轿车	一汽-大众2015款奥迪A6L 2.8L 7DCT	236
	一汽丰田2015款皇冠2.0T 8AT	230
MPV	东风本田2016款艾力绅2.4L CVT	199
	上海通用2015款别克GL8 2.4L 6AT	180
紧凑型SUV	长安马自达2015款马自达CX-5 2.5L 6AT	184
	上海大众2015款途观1.8T 6AT	192
中型SUV	东风日产2015款楼兰2.5L CVT	180
	一汽-大众2015款奥迪Q5 2.0T 8AT	230

7. 综合油耗

综合油耗是指工信部采用欧洲循环驾驶法测出的车辆油耗(L/100km),包含市区工况(30%)和市郊工况(70%)。

综合油耗有别于实际油耗和厂家油耗,一般略高于厂家油耗,低于实际油耗。

常见车型的综合油耗见表5-3。

常见车型的综合油耗　　　　　　　　　　　　表5-3

车辆级别	车型	综合油耗(L/km)
紧凑型轿车	东风标致2015款标致308S 1.6T 6AT	5.9
	一汽丰田2016款卡罗拉双擎1.8L CVT	4.2
中型轿车	一汽-大众2015款迈腾1.8T 7DCT	8.9
	东风日产2015款天籁2.5L CVT	7.3
中大型轿车	一汽-大众2015款奥迪A6L 2.8L 7DCT	8.6
	一汽丰田2015款皇冠2.0T 8AT	7.1
MPV	东风本田2016款艾力绅2.4L CVT	7.9
	上海通用2015款别克GL8 2.4L 6AT	10.0
紧凑型SUV	长安马自达2015款马自达CX-5 2.5L 6AT	7.5
	上海大众2015款途观1.8T 6AT	8.6
中型SUV	东风日产2015款楼兰2.5L CVT	8.7
	一汽-大众2015款奥迪Q5 2.0T 8AT	8.4

8. 整车质保

整车质保是指厂家对外公布的该车质保周期或千米数,一般为2年/6万km或3年/10万km。

具体来说,厂家规定的零部件在确认非人为损坏而是品质问题是可以免费更换的;如果是在质保期内或者规定千米数内也可以免费修理。对于动力总成(发动机和变速器),只有按照维护手册在指定的地点(一般是4S店)定期维护的,才能得到保修。

需要说明的是,整车质保都并非真正是指整车任何部件都享受同样的质保服务,而是分部件进行质保。一般来讲,易损坏或者老化的部件,如蓄电池、减振器、刮水器、音响设备等的质保期要短一些,而不易损坏的部件如发动机缸体等的保修期要长些,还有一些部件如轮胎等,有的汽车厂会申明免赔。

(二)车身参数与指标

车身参数包括车辆的长、宽、高、轴距、轮距、最小离地间隙、整备质量、油箱容积、行李舱容积、车身类型等。

1. 车身基本参数

车身基本参数如图5-10所示。

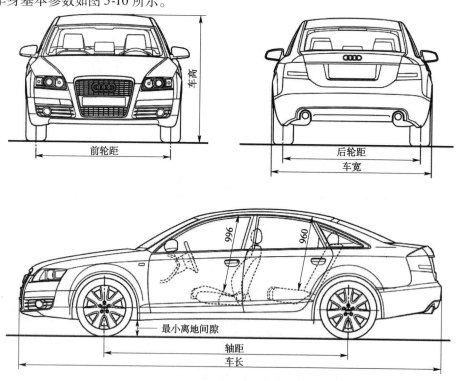

图5-10 车身基本参数

(1)车身长、宽、高是一部汽车的外形尺寸,通常以毫米(mm)为单位。

车长的定义为:汽车长度方向两个极端点间的距离,即从车前保险杠最凸出的位置到车后保险杠最凸出的位置之间的距离。

车宽的定义为:汽车宽度方向两个极端点间的距离,也就是车身左、右最凸出位置之间的距离。根据业界通用的规则,车宽不包含左、右后视镜伸出的宽度。

车高的定义为:从地面算起,到汽车最高点的距离。而所谓最高点,也就是车身顶部最高的位置,但不包括车顶天线的长度。

(2)轴距是指同侧相邻前后两个车轮的中心点间的距离,即从前轮中心点到后轮中心点之间的距离,就是前轴与后轴之间的距离,简称轴距,单位为毫米(mm)。

轴距是反应一部汽车内部空间最重要的参数。在车辆分级中,轴距是重要的依据。

(3)轮距分为前轮距和后轮距,而轮距即左、右车轮中心间的距离,通常单位为毫米(mm),较宽的轮距有更好横向的稳定性与较佳的操纵性能。

车轮着地位置越宽大的车型,其行驶的稳定度越好,因此越野车的轮距都比一般轿车的轮距要宽。

(4)最小离地间隙就是在水平面上汽车底盘的最低点与地面的间距,通常单位为毫米(mm),不同车型其离地间距也是不同的,离地间距越大,车辆的通过性就越好。所以通常SUV的离地间隙要比轿车的大。

2. 整备质量

整备质量也就是俗称的空车质量,是指汽车按出厂技术条件装备完整(如备胎、工具等安装齐备),各种油水添满后的质量,单位为千克(kg)。

常见车型的整备质量见表5-4。

常见车型整备质量　　　　　　　　　　　　　　　表5-4

车 辆 级 别	车　　　　型	整备质量(kg)
紧凑型轿车	东风标致 2015 款标致 308S 1.6T 6AT	1319
	一汽丰田 2016 款卡罗拉双擎 1.8L CVT	1375
中型轿车	一汽-大众 2015 款迈腾 1.8T 7DCT	1545
	东风日产 2015 款天籁 2.5L CVT	1469
中大型轿车	一汽-大众 2015 款奥迪 A6L 2.8L 7DCT	1910
	一汽丰田 2015 款皇冠 2.0T 8AT	1735
MPV	东风本田 2016 款艾力绅 2.4L CVT	1925
	上海通用 2015 款别克 GL8 2.4L 6AT	1860
紧凑型 SUV	长安马自达 2015 款马自达 CX-5 2.5L 6AT	1625
	上海大众 2015 款途观 1.8T 6AT	1600
中型 SUV	东风日产 2015 款楼兰 2.5L CVT	1696
	一汽-大众 2015 款奥迪 Q5 2.0T 8AT	1900

3. 油箱容积

油箱容积是指一辆车能够携带燃油的体积,通常单位为升(L)。

4. 行李舱容积

行李舱也叫后备厢,行李舱容积的大小是衡量一款车携带行李或其他备用物品多少的能力,单位通常为升(L)。

依照车型的大小以及其各自突出的特性,其行李舱容积也因此有所不同,一般来说,越大的车则行李舱也越大。SUV 和 MPV 行李舱都比较大,而一些跑车由于造型设计原因,行李舱则比较小。

5. 车身类型

如前所述,车身类型包括车门数、座位数、车身结构。

(三)发动机参数与指标

发动机参数是表述发动机基本构造和性能指标的参数,如发动机汽缸排列方式、缸数、气门数、缸径×行程、发动机排量、发动机最大功率和最大转矩、压缩比等。这些参数,决定了发动机的基本尺寸和基本性能。

1. 发动机型号及基本参数

(1)发动机型号是由发动机生产厂家自定的编码,以表明发动机生产厂商、性能、规格、产品批次等信息。不同厂家的规定不同。常见车型的发动机型号见表5-5。

常见车型发动机型号　　　　　　　　表5-5

车辆级别	车型	发动机型号
紧凑型轿车	一汽-大众2015款大众高尔夫1.6L 6AT	EA211
	一汽丰田2016款卡罗拉双擎1.8L CVT	8ZR-FXE
中型轿车	一汽-大众2015款迈腾1.8T 7DCT	EA888
	东风日产2015款天籁2.5L CVT	QR25DE
中大型轿车	一汽-大众2015款奥迪A6L 2.8L 7DCT	CHVA
	一汽丰田2015款皇冠2.0T 8AT	8AR-FTS
MPV	东风本田2016款艾力绅2.4L CVT	K24V6
	上海大众2015款途安1.4T 7DCT	EA111
紧凑型SUV	一汽丰田2015款丰田RAV4 2.5L 6AT	5AR-FE
	上海大众2015款途观1.8T 6AT	EA888
中型SUV	东风日产2015款楼兰2.5L CVT	QR25DE
	一汽-大众2015款奥迪Q5 2.0T 8AT	EA888

(2)基本参数包括进气方式、汽缸排列方式、汽缸数和每缸气门数。如前所述,进气方式有自然吸气和增压两种方式;汽缸排列方式有直列、V形、W形、水平对置;汽缸数有3、4、5、6、8、10、12缸等。

每缸气门数常见的有2气门、4气门。例如,大众的EA888发动机,每缸4气门,其中2个进气门,2个排气门,一共有6个缸,共24个气门。

2. 发动机尺寸参数

缸径是汽缸直径的简称,单位为毫米(mm)。行程是汽缸内活塞运动过程中上止点和下止点之间的距离,单位为毫米(mm)。图5-11所示为缸径、行程的示意图。

活塞从一个止点运动到另一个止点所扫过的容积,即为汽缸工作容积,如图5-12所示。各缸工作容积的总和即为发动机排量,如图5-12阴影部分所示,一般用毫升(mL)表示。发动机排量是发动机最重要的参数之一,它比缸径和缸数更能代表发动机的大小,发动机的许多指标都同排量密切相关。

发动机另一个重要的参数是压缩比。压缩比表示了气体的压缩程度,它是气体压缩前的容积与气体压缩后的容积之比值,即汽缸总容积与燃烧室容积之比称为压缩比。

活塞位于上止点时,其顶部与汽缸盖之间的容积称为燃烧室容积,如图5-12所示。活塞位于下止点时,其顶部与汽缸盖之间的容积称为汽缸总容积。显而易见,汽缸总容积就是汽缸工作容积和燃烧室容积之和。

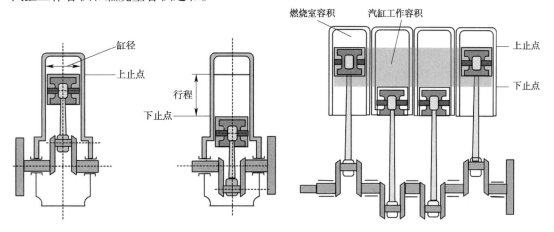

图5-11　缸径、行程的示意图　　　　图5-12　汽缸工作容积、燃烧室容积示意图

3. 发动机性能指标

图5-13所示为某发动机节气门全开时,发动机功率、转矩随转速的变化曲线。其中,最大功率约为100kW,最大功率转速为1750～3500r/min;最大转矩约为217N·m,最大转矩转速为4800r/min。

最大功率的单位也可用马力(PS)表示,也可称为最大马力。

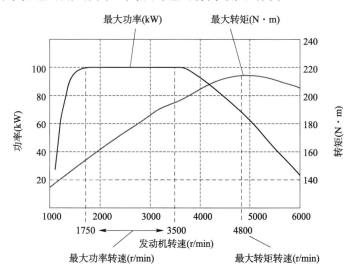

图5-13　发动机功率、转矩随转速的变化

4. 燃油及供油方式

汽车发动机的燃油形式主要是汽油、柴油和油电混合。汽油标号主要包括90号、93号、

97号,反映了汽油抗爆性,标号越高,抗爆性越好。一般来说,压缩比越高,所需要的汽油标号越高。柴油标号主要包括0号、-10号、-20号、-35号等,反映了柴油的凝固点。如,0号柴油适用于气温在8~4℃时使用;-10号柴油适用于气温在4~5℃时使用。

注:目前国内有些城市,如北京、上海、广州等都采用了国V汽油,汽油标号升级为89号、92号、95号。

目前汽油机的供油方式都是采用燃油喷射系统,又分为缸内直喷和进气道多点喷射。常见车型的供油方式见表5-6。

常见车型供油方式　　　　　　　　表5-6

车辆级别	车型	供油方式
紧凑型轿车	一汽-大众2015款大众高尔夫1.6L 6AT	进气道多点喷射
	一汽丰田2016款卡罗拉双擎1.8L CVT	进气道多点喷射
中型轿车	一汽-大众2015款迈腾1.8T 7DCT	缸内直喷
	东风日产2015款天籁2.5L CVT	进气道多点喷射
中大型轿车	一汽-大众2015款奥迪A6L 2.8L 7DCT	缸内直喷
	一汽丰田2015款皇冠2.0T 8AT	进气道多点喷射
MPV	东风本田2016款艾力绅2.4L CVT	缸内直喷
	上海大众2015款途安1.4T 7DCT	缸内直喷
紧凑型SUV	一汽丰田2015款丰田RAV4 2.5L 6AT	进气道多点喷射
	上海大众2015款途观1.8T 6AT	缸内直喷
中型SUV	东风日产2015款楼兰2.5L CVT	进气道多点喷射
	一汽-大众2015款奥迪Q5 2.0T 8AT	缸内直喷

环保标准是指汽车排放标准,目前我国轿车普遍采用国V标准。

5. 发动机特有技术

现今,汽车发动机技术突飞猛进,很多厂商都拥有自己的独特技术,例如可变气门正时、可变汽缸、分层燃烧等,这些技术均可实现对发动机性能的提升目的。

(四)底盘参数与指标

1. 变速器类型

如前所述,变速器可以从操纵方式、前进挡位数进行分类,如5MT为5挡手动变速器、6AT为6挡自动变速器、7DCT为7挡双离合器变速器等。

2. 底盘和转向

(1)驱动方式:指发动机的布置方式以及驱动轮的数量、位置的形式。常见的驱动方式有:前置前驱(FF)、前置后驱(FR)、中置后驱(MR)、后置后驱(RR)、全轮驱动(AWD)。

前置前驱即发动机前置、前轮驱动(Front engine Front drive,FF),如图5-14所示。这种驱动方式结构紧凑,在发动机排量为2.5L以下的轿车上得到广泛应用,如丰田卡罗拉、福特福克斯、大众迈腾、本田雅阁等,但中大型以上轿车不采用此种驱动方式。

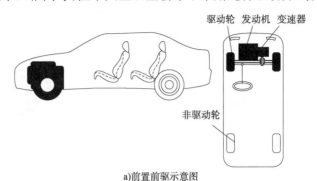

a)前置前驱示意图

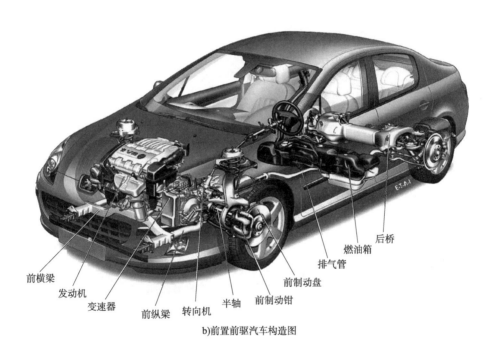

b)前置前驱汽车构造图

图 5-14　前置前驱(FF)

前置后驱即发动机前置、后轮驱动(Front engine Rear drive,FR),如图 5-15 所示。这是一种最传统的驱动方式,适合于绝大多数的车型。大中型以上轿车多采用此种驱动方式,如丰田锐志、宝马 3 系及以上车型、奔驰 C 级及以上车型等。

中置后驱即发动机中置、后轮驱动(Middle engine Rear drive,MR),如图 5-16 所示。这种驱动方式发动机置于座椅之后、后轴之前,大多数高性能跑车和超级跑车都采用这种驱动方式,如法拉利 458、兰博基尼盖拉多 LP550、保时捷 Carrera GT 等。

后置后驱即发动机后置、后轮驱动(Rear engine Rear drive,RR),如图 5-17 所示。这种驱动方式是目前大、中型客车流行的布置形式,而轿车采用后置发动机的仅有保时捷 911 系列和 Smart fortwo。

全轮驱动即发动机前置、全轮驱动(All Wheel Drive,AWD),一般为四轮驱动,如图 5-18

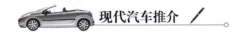

所示。多用于高性能轿车或者 SUV,用在轿车上的优点就是操控性好,而用在越野车上则是通过性更强。

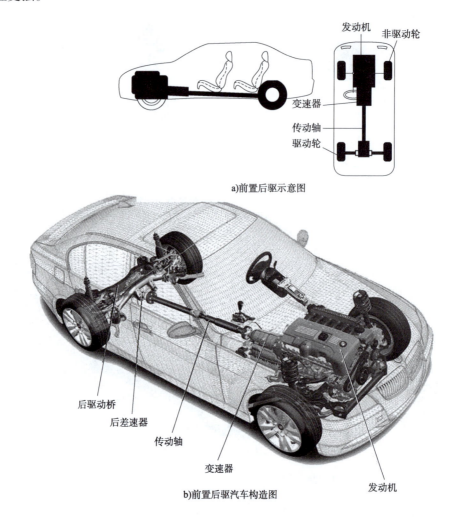

a)前置后驱示意图

b)前置后驱汽车构造图

图 5-15　前置后驱(FR)

（2）悬架类型:悬架分为独立悬架和非独立悬架。独立悬架又分为麦弗逊式、多连杆、双叉臂式、双横臂式等。非独立悬架又分为纵置板簧式和螺旋弹簧式。

麦弗逊式独立悬架主要用于轿车前悬架,由螺旋弹簧、减振器、三角形下摆臂组成,绝大部分车型还会加上横向稳定杆,如图 5-19 所示。

多连杆独立悬架如图 5-20 所示,可用于前悬架、也可以用于后悬架,其中前悬架一般为 3 连杆或 4 连杆独立悬架;后悬架则一般为 4 连杆或 5 连杆独立悬架,其中 5 连杆后独立悬架应用较为广泛。

双叉臂式独立悬架,如图 5-21 所示,又称两连杆式悬架,是又一种常见的独立悬架。它通过上下两个横臂与车身铰接,一般下横臂比上横臂长。双叉臂悬架也是使用范围很广泛的悬架,包括很多运动型车和高级车。

单元五 汽车技术参数、性能与配置

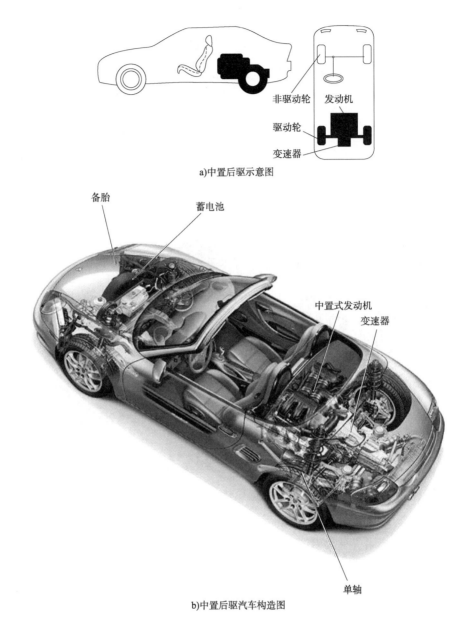

a)中置后驱示意图

b)中置后驱汽车构造图

图 5-16 中置后驱(MR)

纵置板簧式非独立悬架如图 5-22 所示,采用钢板弹簧作为弹性元件且与汽车纵向轴线平行地布置在汽车上的悬架。它兼起导向机构的作用,使得悬架系统大为简化。目前,这种悬架广泛用于微客、货车的前、后悬架中,当然还有一部分硬派越野车使用这种结构的悬架。

螺旋弹簧式非独立悬架如图 5-23 所示,以螺旋弹簧为弹性元件,只能承受垂直载荷,需加设导向机构和减振器来弥补不足,主要用于中低档轿车的后悬架。

(3)助力转向类型:常见的助力转向有机械液压助力、电子液压助力、电动助力三种。机械液压助力是比较传统的助力转向类型,目前多采用电动助力转向。

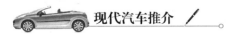
现代汽车推介

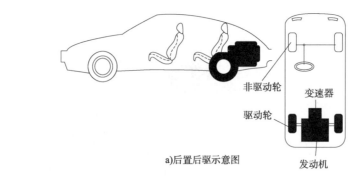

a) 后置后驱示意图

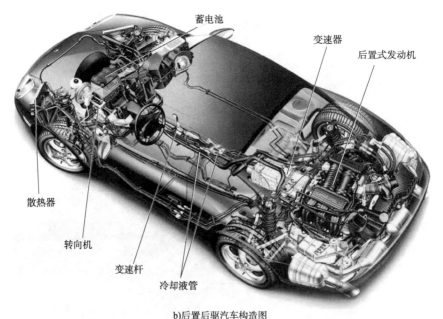

b) 后置后驱汽车构造图

图 5-17　后置后驱（RR）

(4) 车体结构：按照车身受力情况可分为非承载式车身和承载式车身两种。

非承载式车身车型比较少，多数是货车、专业越野车。非承载式车身的汽车有刚性车架，一般都是矩形或者梯形的，布置在车身的最底部，图 5-24 所示为非承载式车身的车架。

承载式车身没有车架，车身就作为发动机和底盘各总成的安装基体，车身兼有车架的作用并承受全部载荷。图 5-25 所示为承载式车身。

3. 车轮和制动

(1) 车轮制动器类型：主要分为盘式制动器和鼓式制动器。

盘式制动器按照制动盘的结构又可分为通风盘式制动器（图 5-26）和实心盘式制动器。轿车前轮基本都是采用通风盘式制动器，后轮多采用实心盘式制动器。

鼓式制动器如图 5-27 所示，目前在轿车上很少作为车轮制动器，个别车辆会用作驻车制动器。

(2) 驻车制动类型：指驻车制动的操作方式，可以分为手柄式驻车（手刹）、脚踏式驻车和电子驻车三种方式。

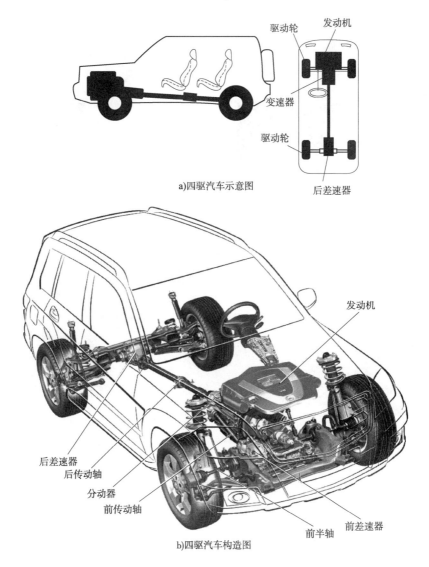

a)四驱汽车示意图

b)四驱汽车构造图

图 5-18 四轮驱动(4WD)

图 5-19 麦弗逊式独立悬架

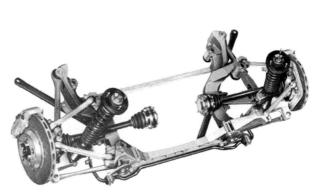

图 5-20 多连杆独立悬架

图 5-21　双叉臂式独立悬架

图 5-22　纵置板簧式非独立悬架

图 5-23　螺旋弹簧式非独立悬架

图 5-24　非承载式车身的车架

图 5-25　承载式车身

图 5-26　通风盘式制动器

手柄式驻车俗称手刹,是最传统式、使用最广泛的驻车制动操作方式,如图 5-28 所示,驻车手柄一般安装在变速杆附近,其操纵方式也很简单。直接拉起即可起作用;按住手柄端部的按钮稍微向上一提,然后推回原位即可释放驻车制动。

传统式"手刹"用手来操纵,常常会因为用力太小而使驻车制动力不足,发生溜车现象。脚踏式驻车制动很好地解决了这一问题。对于自动挡车型,如果脚下有三个踏板,左侧的踏板就是驻车制动踏板,如图 5-29 所示。

单元五　汽车技术参数、性能与配置

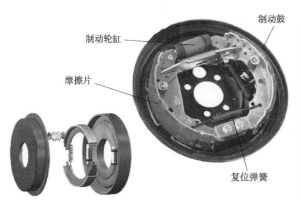

图 5-27　鼓式制动器

图 5-28　驻车手柄(手刹柄)

电子驻车是由电子控制方式实现停车制动的技术,其工作原理与传统手刹相同,均是通过制动盘与制动片产生的摩擦力来实现制动,只不过控制方式从之前的机械式驻车手柄变成了电子按钮,如图 5-30 所示。

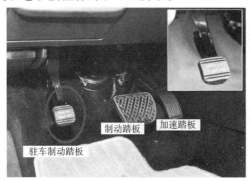

图 5-29　脚踏式驻车制动

图 5-30　电子驻车

（3）轮胎规格：轿车用轮胎一般都为子午线轮胎，其规格示例如图 5-31 所示。

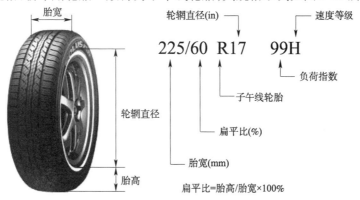

图 5-31　轮胎规划示例

（4）备胎规格：一般轿车都会备有一个备用轮胎，按照备胎尺寸的大小可以分为全尺寸备胎、非全尺寸备胎。

全尺寸备胎就是备胎的规格与原汽车轮胎规格相同。非全尺寸备胎是指比常用的轮胎

· 105 ·

直径略小、宽度较窄的备胎,非全尺寸备胎也只能做暂时性更换,并且最高时速不超过80km/h。

如果车辆上无备胎,一般是在车辆上安装了零胎压续行轮胎。零胎压续行轮胎也称为防爆轮胎,这种轮胎在没气的时候还可以行驶一段路程,让你至少还可以自行开到维修厂检修。零胎压续行轮胎大多数是豪华品牌车型的配置,如 BMW 以及 MINI 品牌全系搭载零胎压续行轮胎。

二、汽车配置

(一)安全配置

1. 安全气囊(气帘)

安全气囊可以减轻汽车碰撞后,乘员因惯性发生二次碰撞时的伤害程度,按照位置的不同,可以分为主/副驾驶座安全气囊、侧气囊、头部气囊、膝部气囊,如图 5-32 所示。

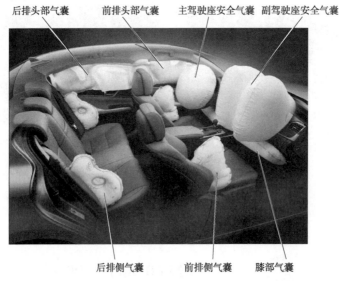

图 5-32　安全气囊(气帘)

(1)主/副驾驶座安全气囊:主驾驶座安全气囊安装在转向盘里,副驾驶座安全气囊安装在汽车副驾驶座椅前方,一般在仪表板杂物箱上方。

(2)侧气囊:侧气囊安装在座椅的外侧,目的是减缓侧面撞击造成的伤害。侧气囊分为前排侧气囊和后排侧气囊。

(3)头部气囊(气帘):高档的车辆中会装有前/后排头部气囊,呈帘状,也称为头部气帘。头部气囊(气帘)在碰撞时弹出,遮盖车窗,以达到保护乘客的效果。

(4)膝部安全气囊:膝部安全气囊一般只装在前排,用来降低乘员在二次碰撞中中控台对乘员膝部的伤害。

2. 安全带未系提示

当车辆探测到驾乘人员未系安全带时,仪表板上显示灯即时提示,如图 5-33 所示;当车速超过一定速度时转为通过声音来提醒驾驶人和前排乘客系好安全带,保障人的生命安全。

注:安全气囊的保护作用一定是在系好安全带的前提下;如果未系安全带,安全气囊起爆后反而会伤害乘客。

3. 儿童座椅接口

儿童安全座椅常见的固定接口分为 LATCH 接口和 ISOFIX 接口,LATCH 常见于美系车辆,ISOFIX 则常见于欧洲品牌。

4. 胎压监测系统

胎压监测系统简称 TPMS(Tire Pressure Monitor System),它的作用是在汽车行驶过程中对轮胎气压进行实时自动监测,并对轮胎漏气和低气压进行报警,以确保行车安全。图 5-34 所示仪表板可以显示胎压信息。

图 5-33　安全带未系提示　　　　　　　　图 5-34　仪表板显示胎压信息

许多高档轿车装有零胎压续行轮胎,俗称防爆轮胎,英文简称 RSC(Run Stability Control)。零胎压续行轮胎可以保证轮胎漏气后车辆仍然可以 80km/h 的车速行驶 80km。

5. 车内中控锁

车内中控锁是指设在驾驶座旁边的开关,是可以同时控制全车车门关闭与开启的一种控制装置。车内中控锁开关一般安装在车门或者中控台上,如图 5-35 所示。

a)车门上中控锁　　　　　　　　　　　　b)中控台上中控锁

图 5-35　车内中控锁

6. 钥匙功能

(1)遥控钥匙:是利用中控锁的无线遥控功能,不用把钥匙键插入锁孔中就可以远距离开车门和锁车门的钥匙,图 5-36 所示为大众车遥控钥匙,可以遥控锁车门、开车门、开后备舱门。

(2)无钥匙起动系统:起动发动机不用传统的方式——将钥匙插入点火开关、转到钥匙起动发动机,只需钥匙在身边,踩下制动踏板,按下车内一键起动按钮即可使发动机点火,如图 5-37 所示。

图 5-36　大众车遥控钥匙

图 5-37　无钥匙起动系统

(二)操控配置

1. 电子制动控制

(1)防抱死制动系统:英文简称 ABS(Anti-lock Braking System),能够防止车轮抱死,提高车辆稳定性以及制动效能,目前已是汽车的标准配置。当 ABS 起作用时,制动踏板会有明显的脉动回弹现象。

(2)制动力分配:英文简称 EBD(Electronic Brake force Distribution),能够在制动时,自动调节各车轮的制动力,保证行车稳定、缩短制动距离。EBD 实际上是 ABS 的辅助功能。

(3)制动辅助:英文简称 EBA(Electronic Brake Assist),在车辆行驶过程中,EBA 会全程监测制动踏板,正常制动时该系统并不会介入。但当其侦测到驾驶人以极快的速度和力量踩下制动踏板时,会判定为需要紧急制动,于是便会自动对制动系统进行加压,以增大制动力,实现紧急制动的效果。

(4)牵引力控制系统:英文简称 TCS/TRC(Traction Control System),也称为 ASR(Acceleration Slip Regulation,驱动防滑系统),能够防止车辆在起步、加速时驱动轮打滑,以维持车辆行驶稳定性和牵引力。

(5)车身稳定控制系统:不同厂家对车身稳定控制系统的称呼不同,大众称作 ESP(Electronic Stability Program),宝马称作 DSC(Dynamic Stability Control),丰田称作 VSC(Vehicle Stability Control),本田称作 VSA(Vehicle Stability Assist),通用称作 ESC(Electronic Stability Control),如图 5-38 所示。但它们的功能基本相同,都是使车辆在各种状况下保持最佳的稳定性,可以看作是 ABS、ASR 功能的延伸。

(6)陡坡缓降:英文简称 HDC(Hill Descent Control),如图 5-39 所示。这是一套用于下坡行驶的自动控制系统,在系统起动后,驾驶人无需踩制动踏板,车辆会自动以低速行驶,并且能够逐个对超过安全转速的车轮施加制动力,从而保证车辆平稳下坡。

(7)上坡辅助:英文简称 HAC(Hill-start Assist Control),是在 ESP 基础上开发的一种功

能,它可让车辆在不用驻车制动的情况下在坡路上起步而不会溜车,驾驶人右脚离开制动踏板车辆仍能继续保持制动几秒,这样便可让驾驶人轻松地将脚由制动踏板转向加速踏板,避免了普通坡路起步的麻烦。

图5-38 车身稳定控制系统开关

(8)自动驻车:英文名称为AUTOHOLD,如图5-40所示。启动该功能之后,比如在停车等红绿灯的时候,即使车辆停在坡路上也不会溜车;当需要车辆起步时,只需轻踩加速踏板即可解除制动。

图5-39 陡坡缓降(HDC)开关　　　　图5-40 自动驻车(AUTO HOLD)开关

2. 悬架

(1)可变悬架:指可以手动或自动改变悬架的高低或软硬来适应不同路面的悬架系统,如图5-41所示。

(2)空气悬架:是应用最广泛的一种可变悬架,采用压缩空气进入或排出空气弹簧的方式调节悬架的高度和软硬度。

3. 差速器

(1)中央差速器锁:中央差速器装在前后轴之间的传动轴上,又称轴间差速器。当两个前轮或两个后轮同时打滑,可以手动(图5-42所示为中央差速器锁旋钮)或自动锁止中央差速器,保证车辆的行驶。

(2)前(后)桥限滑差速器:限滑差速器英文简称 LSD(Limited Slip Differential),装在两个前轮或两个后轮之间,可以防止车轮空转、打滑。

(3)前(后)桥差速器锁:用于将两个前轮或两个后轮之间半轴进行刚性连接,使其成为一个整体,这样两侧的车轮都可以得到相同的动力,使车辆行驶。

图5-41 悬架高度、软硬调节开关

图5-42 中央差速器锁旋钮

(三)外部配置

1. 天窗

（1）电动天窗：安装于车顶，能够使车内空气流通，增加新鲜空气进入，为车主带来健康、舒适的享受。电动天窗的开启一般有两种模式：一是滑动开启，可以部分开启、也可全开，如图5-43所示；另一种是后部翘起，如图5-44所示。

图5-43 天窗滑动开启

图5-44 天窗后部翘起开启

（2）全景天窗：分为两种类型，一种是整个车顶都是玻璃覆盖，可以欣赏头顶的景色，头部的空间感好，但一般无法打开，如图5-45所示。第二种则是全景天窗分为前后两部分，前半部分跟普通天窗一样可以打开，如图5-46所示。

图5-45 全景天窗（一）

图5-46 全景天窗（二）

2. 铝合金轮辋

铝合金轮辋对比传统的钢质轮辋,具有散热好、质量小、精度高、外形美观的特点,应用越来越普遍。

3. 车门

(1)电动吸合门:使用电磁力将近乎闭合的车门完全闭合锁止,一般只有豪华车才装备有电动吸合门,如奔驰 S 级、宝马 7 系、奥迪 A8 等。

(2)侧滑门:一般多见于 MPV 车型上,如图 5-47 所示。有很多商用车上也能见到侧滑门,比如微型客车、轻型客车等。侧滑门最大优势在于开启后,方便乘客出入车厢以及便于往车厢里装卸货物等。

4. 行李舱

(1)电动行李舱:行李舱采用电动方式开闭,图 5-48 所示为行李舱开闭开关。

(2)感应行李舱:在智能钥匙随身携带的情况下,驾驶人只需把脚扫过后保险杠底部的感应器,行李舱盖便会自动开启,大大方便了双手持物的车主装载物品,如图 5-49 所示;当想要关闭的时候,也只需把脚轻轻扫过后保险杠底部即可。

图 5-47 侧滑门

图 5-48 电动行李舱开关

图 5-49 感应行李舱

5. 运动外观套件

运动外观套件是指通过加装外部扰流装置和分流装置,以提高车辆空气动力学性能,降低空气阻力,并提高视觉冲击,运动外观套件包括了大包围、底盘包围、尾翼、车顶行李架等。

(四)内部配置

1. 转向盘

(1)真皮转向盘:指真皮包裹装饰的转向盘,和其他材质相比,真皮更舒适,但价格也贵,多用于中高级以上轿车。

(2)转向盘调节:为了适应不同身材的驾驶人,转向盘一般都可以调整高度和倾斜角度。

(3)多功能转向盘:指在转向盘两侧或者下方设置一些功能键,包括音响控制、车载电话等,还有的将定速巡航键也设置在转向盘上,如图 5-50 所示。

图 5-50 多功能转向盘

2. 定速巡航

定速巡航用于控制汽车的定速行驶,汽车一旦被设定为巡航状态时,发动机的供油量便由电控单元(ECU)控制,电控单元(ECU)会根据道路状况和汽车的行驶阻力不断地调整供油量,使汽车始终保持在所设定的车速行驶,而无需操纵加速踏板,从而减轻长途驾驶的疲劳,同时减少了不必要的车速变化,节省燃料。当驾驶人者踩下制动踏板或离合器时,定速巡航会被自动解除。

3. 前/后驻车雷达

驻车雷达是倒车时或泊车时的安全辅助装置,可以提高驾驶的安全性,一般分为前雷达和后雷达。图 5-51 所示为后倒车雷达示意图。

4. 倒车影像

倒车影像系统是在车尾安装了倒车摄像头,当挂入倒挡时,该系统会自动接通位于车尾的摄像头,将车后状况显示于中控或后视镜的液晶显示屏上,如图 5-52 所示。

图 5-51 后倒车雷达示意图　　　　　图 5-52 倒车影像

5. 仪表板信息

(1)行车电脑显示屏:通过仪表板的显示屏幕将行车电脑的信息,如平均油耗、瞬时油耗、室外温度、平均车速、驾驶时间、单次行驶里程等数据显示出来,如图 5-53 所示。

(2)全液晶仪表板:原来只在高档豪华车上使用全液晶仪表板,不过现在许多的中级轿车也开始使用全液晶仪表板,如福特蒙迪欧、大众帕萨特等。全液晶仪表板不仅是具有炫酷的显示效果,更主要的它是一块综合信息显示屏,所能够提供的信息已经远远超越普通仪表板的范畴,如图 5-54 所示。

图 5-53 行车电脑显示屏

图 5-54 全液晶仪表板

(3)抬头数字显示:英文简称 HUD(Head Up Display),又称平视显示系统,它可以把重要的信息,映射到风窗玻璃上,如图 5-55 所示。使驾驶人不必低头,就能看清重要的信息,提高了汽车驾驶安全性。

6. 座椅

(1)座椅材质:座椅材质包括两类,一是织物座椅,透气性好,很实用;另一种是真皮座椅,档次高,易清洁。

(2)座椅调节:为了保证乘坐舒适、驾驶方便,座椅一般都可以进行前后调节、高度调节和靠背倾斜角度调节,有的还有包括腰部支撑调节。座椅调节方式有手动和电动两种。

图 5-55 抬头数字显示(HUD)

(3)座椅加热:真皮座椅在冬季会较凉,在豪华轿车或高配置车辆上会给座椅加上电加热装置,图 5-56 所示为座椅加热开关。

(4)座椅通风:真皮座椅透气性差,尤其夏天时乘坐会很不舒服,具有通风功能的座椅会避免这样的问题,图 5-57 所示为座椅通风示意图。

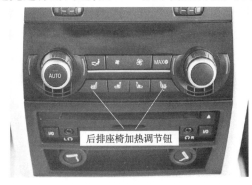

图 5-56 座椅加热开关

图 5-57 座椅通风示意图

(5)中央扶手:位于两个座椅之间,为驾乘人员提供肘部支撑,一般中央扶手又分为前排中央扶手和后排中央扶手,如图 5-58 所示。

a)前排中央扶手　　　　　　　　　　　　b)后排中央扶手

图 5-58　中央扶手

(五)电气系统配置

1. 多媒体配置

汽车的多媒体配置主要包括 GPS 导航、车载蓝牙电话、CD/mp3、外接音源系统等。

2. 车灯配置

(1)日间行车灯:为提高行车安全性,欧盟规定自 2011 年起,欧盟境内所有新车必须安装日间行车灯。日间行车灯不同于普通的近光灯,是专门为白天行车而设计。当汽车发动机一起动,日间行车灯则自动开启,以引起路上其他机动车、非机动车以及行人的注意。

(2)自动前照灯:装有自动前照灯的车辆,当前照灯开关置于"AUTO"挡时,如果光线变暗,前照灯会自动亮起,当光线变亮时会自动熄灭。

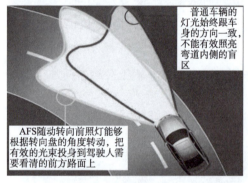

图 5-59　自适应前照灯(AFS)示意图

(3)自适应前照灯:英文简称 AFS(Adaptive Front-lighting System),车辆转向时,前照灯能够根据行车速度、转向角度等自动调节前照灯的偏转,以便能够提前照亮"未到达"的区域,提供全方位的安全照明,以确保驾驶人在任何时刻都拥有最佳的可见度,如图 5-59 所示。

(4)前照灯清洗装置:在前照灯的下方有一出水口,随时可以清洗前照灯的灰尘及污垢。一般高级轿车都具备此功能。

3. 车窗玻璃/后视镜

(1)电动车窗:用伺服电动机驱动玻璃的升降,它取代了传统的转动摇柄升降玻璃,使得玻璃的升降更加轻松。驾驶侧的电动车窗开关如图 5-60 所示。

(2)车窗防夹手:电动门窗玻璃关闭时,遇到阻力后会自动停止,或者改变玻璃上升行程为下降行程,从而防止夹伤。

(3)后视镜电动调节:车外两侧的后视镜,可以在车内通过电动按钮进行调节。后视镜电动调节按钮如图 5-60 所示。

(4)后视镜电动折叠:汽车两侧的后视镜在必要时可以折叠收缩起来。这种功能在城市路边停车时特别有用,后视镜折叠后能节省很大的空间。后视镜电动折叠开关如图5-60所示。

(5)后视镜加热:当汽车在雨、雪、雾等天气行驶时,后视镜可以通过镶嵌于镜片后的电热丝加热,确保镜片表面清晰。

(6)感应式刮水器:通过雨量传感器感应雨滴的大小,自动调节刮水器运行速度,为驾驶人提供良好的视野,从而大大提高雨天驾驶的方便性和安全性。

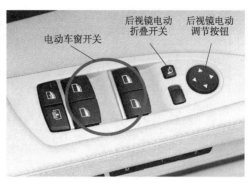

图5-60 车窗玻璃/后视镜开关

4.空调

(1)空调控制方式:分为手动和自动两种空调控制方式。手动空调只能手动对冷/热风的温度和风量进行粗略的分级调节,不能设定车内空调的具体温度,图5-61所示为手动空调控制开关和旋钮。自动空调可以根据已设定的温度,自动调节从而保持车内温度的恒定,图5-62所示为自动空调控制开关和旋钮。

图5-61 手动空调控制开关和旋钮　　图5-62 自动空调控制开关和旋钮

(2)温度分区控制:在一些高档车上,为了满足车内不同位置上乘员对车内空气温度的不同要求,往往将车内空间划分为几个独立的温区,各个独立的温区可以进行不同的温度调节。

(六)高科技配置

1.自动泊车系统

具有自动泊车系统的车辆,驾驶人只要按下自动泊车的按钮(图5-63),车头两侧的雷达就会自动扫描停车位,如果距离合适的话就会发出提示音,此时驾驶人只需要挂入倒挡,双手离开转向盘,车辆就能够自动倒车停车位中。

2.发动机起停技术

发动机起停系统是这几年来发展最迅猛的汽车环保技术,特别适用于走走停停的城市路况。在车辆行驶过程中临时停车(例如等红灯)的时候,发动机会自动熄火。当需要继续前进的时候,系统又能自动重起发动机。该技术在城市工况下达到15%的节油能力。

必要时可以关闭发动机起停功能,如图5-64所示。

图5-63　自动泊车按钮

图5-64　发动机起停关闭开关

3. 自适应巡航

自适应巡航英文简称ACC(Adaptive Cruise Control)，也称为主动巡航。当驾驶人设定好巡航后，ACC会自动监控与前车的距离，如果距离过小，ACC会减速以保持车距；当前方无车后ACC又会加速恢复到设定的巡航车速。

4. 车道偏离预警

在驾驶人无意识(驾驶人未打转向灯)偏离原车道时，车道偏离预警系统能在偏离车道0.5s之前发出警报，或转向盘开始振动以提醒驾驶人目前车辆偏离的状况，为驾驶人提供更多的反应时间，大大减少了因车道偏离引发的碰撞事故。

单元小结

(1)汽车主要技术参数与性能包括基本参数与指标、发动机参数与指标、底盘参数与指标和车身参数与指标。

(2)汽车主要配置包括安全配置、操纵配置、内外部配置、电气配置和高科技配置。

(3)了解和掌握汽车的主要技术参数、指标与配置对于汽车的推介和销售有重要作用。

技能训练

1. 技能训练准备

(1)典型品牌汽车经销店。

(2)能上网的计算机(平板计算机)或手机。

2. 技能训练步骤、要求

(1)将学生分成若干组别，如A级车组、B级车组、C级车组、SUV车组等。

(2)各组学生分别到各品牌汽车经销店调查、收集资料；如A级车组可以分别到一汽大众经销店了解高尔夫、速腾，到一汽丰田经销店了解卡罗拉、到长安福特经销店了解福克斯等。

(3)各组学生通过上网的计算机(平板计算机)或手机进一步查找相关车型的信息和资料。

(4)各组同学运用掌握的相关车型的信息和资料(来自网上或现场调查)进行PPT制作，以说明该车型的各项技术参数、性能与配置。

(5)有条件的可以通过PPT进行展示讲解,并由各组及老师进行打分、反馈。

思考与练习

(一)填空题

1. 自动变速器按照结构、原理的不同,可以分为AT、CVT和(　　　)等。
2. 三厢轿车一般都是四门,而两厢轿车则为(　　　)门。
3. 整备质量也就是俗称的(　　　)质量。
4. 发动机按照进气方式,可以分为自然吸气发动机和(　　　)发动机。
5. 大中型以上轿车多采用发动机前置、(　　　)轮驱动的方式。
6. 零胎压续行轮胎也称为(　　　)轮胎。
7. 轿车的前悬架一般为(　　　)独立悬架。
8. 安全气囊的保护作用一定是在系好(　　　)的前提下。
9. 汽车在行驶过程中,为保持车内空气的流通和新鲜,常打开(　　　)而不是打开车窗玻璃。
10. 日间行车灯主要起到信号灯的作用,而不是的(　　　)的作用。

(二)判断题

1. 六缸发动机都采用V形布置。　　　　　　　　　　　　　　　(　　)
2. 综合油耗一般低于实际油耗。　　　　　　　　　　　　　　　(　　)
3. 标号为89号、92号、95号的汽油是国Ⅳ汽油。　　　　　　　　(　　)
4. 压缩比越高,所需要的汽油标号越高。　　　　　　　　　　　(　　)
5. 发动机中置、后轮驱动多用于跑车和赛车。　　　　　　　　　(　　)
6. 非全尺寸备胎的最高时速不超过60km/h。　　　　　　　　　　(　　)
7. 防爆轮胎漏气后车辆仍然可以80km/h的车速行驶50km。　　　(　　)
8. 发动机起停技术在城市工况下可以节油15%。　　　　　　　　(　　)
9. 全景天窗只能用于欣赏头顶的景色,而无法打开通风换气。　　(　　)
10. 手动空调不能设定车内的具体温度。　　　　　　　　　　　　(　　)

(三)简答题

1. 请说明轮胎规格195/60 R 14 85 H中,各数字、字母的含义。
2. 请查阅相关资料,写出"一汽大众2016款高尔夫7 1.4T 7DCT"与"一汽丰田2016款卡罗拉双擎1.8L CVT"在发动机参数与指标的对比。

单元六　汽车装饰与个性

 学习目标

1. 能够正确完成车身封釉操作；
2. 能够正确完成底盘装甲（封塑）装饰；
3. 能够正确完成车身改色贴膜、喷涂改色和车身外部的装饰；
4. 能够正确完成座椅、地板和控制台等内饰装饰；
5. 能够正确完成汽车音响、防盗器、倒车雷达、胎压监测、行车记录仪装饰。

一、汽车外部装饰

(一) 车身封釉

车身漆面就像人身体的皮肤一样，需要经常进行美容维护，才能保持"亮丽的容颜"。对于新车可以采用封釉的方式保护漆面并使之美观。

封釉时通过封釉机的高速振动和摩擦，把釉分子强力渗透到汽车表面涂膜的缝隙中，使涂膜也具备釉的防酸雨、抗腐蚀、耐高温、耐磨、高光泽度等特点，从而起到美观和对车漆保护的目的。经过封釉的汽车涂膜光滑、手感柔顺、亮丽照人，使旧车更新、新车更亮，还为以后的汽车美容、烤漆、翻新奠定了基础。

1. 封釉设备和用品

(1) 封釉机。封釉机如图 6-1 所示，海绵轮通过粘扣与之连接，其运行的时候不是绕着圆心旋转，而是在旋转的同时有偏心的振动，如图 6-2 所示。

图 6-1　封釉机

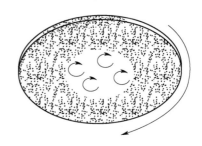
图 6-2　海绵轮偏心复合运动

（2）亮光釉。亮光釉是一种从石油副产品中提炼出来的抗氧化剂,其具有防酸、抗腐、耐高温、耐磨、耐水洗、渗透力强、附着力强、高光泽度等特点,如图6-3所示。

2. 涂膜封釉操作

涂膜经抛光后,光滑、光亮,无任何划痕、粗粒和光环等缺陷。但是此时涂膜表面较新,抗紫外线、抗划伤等能力不强,进行涂膜封釉把抛光部位全部维护一遍,形成一层保护膜。

（1）封釉时先用干净软布将抛光残留物清除干净。

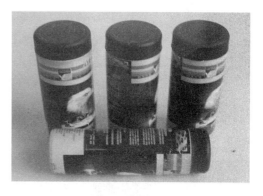

图6-3　亮光釉

（2）摇匀亮光釉,用软布或海绵将其涂在漆面上,停留1min后用手工或机器抛光。

（3）机器转速保持1000r/min以下,最后用干净软布擦去残留物,如图6-4所示。

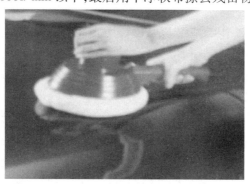

图6-4　封釉操作

（4）手工处理时,直线抛光,抛亮即可。

（二）汽车底盘装甲

汽车在使用的过程中要经历各种气候条件和复杂的路况:春季多风砂,细小砂石对底盘的撞击;夏季雨后,地表蒸汽烘烤、酸雨的侵袭;冬季雪后,除雪剂的腐蚀,钢筋铁骨也会伤痕累累。有很多车表面上看起来光艳照人,而底盘早已经锈蚀斑斑、漏洞百出。废气、冷风、噪声、灰尘都会从这些细小的洞孔中渗入。洞孔逐渐扩大,铁皮生锈,层层剥落。当掀起地毯的时候,会发现几乎与地面能亲密接触了,如图6-5所示。所以,一般推荐新车要做底盘装甲。

图6-5　锈蚀严重的汽车底盘

1. 底盘装甲概述

底盘装甲又称"底盘封塑",它是一种底盘防腐蚀护理工艺。将一种高附着性、高弹性、高防腐、防潮的柔性橡胶树脂(图6-6)厚厚地喷涂在底盘上,使之与外界隔绝,以达到防腐、防锈、防撞、同时还可以隔除一部分来自底部的杂音。底盘装甲能牢固地附在底盘上,可以彻底隔绝酸雨、除雪剂的侵袭。对于罐装的液态底盘装甲需要配专用的喷枪,如图6-7所示。如果是气雾型的则直接喷涂即可。

图6-6　底盘装甲　　　　　　　　　图6-7　底盘装甲喷枪

2. 底盘装甲施工简介

(1)施工前准备。底盘装甲施工前要做好个人防护、施工安全准备、清洁底盘和贴护工作。

①个人防护。穿戴好工作服、工作鞋、工作帽等常规个人防护用品。佩戴防护口罩、耐溶剂的橡胶手套和防护眼镜。

②施工安全。底盘装甲操作要在车下施工,要注意安全使用车辆举升机。喷涂操作时,要注意工作车间的通风。底盘装甲、除油剂等喷涂物不得对着他人或其他物体喷涂。

③清洁底盘。可以先用高压水枪将泥土等污垢清除,再使用专用去污剂把沥青、油污等彻底去除干净,用压缩空气吹干底盘部分的积水,尤其是缝隙中要干燥彻底。这些处理中任何一项疏忽都会影响"装甲"的牢固度。

如果汽车老旧,车底已经有了腐蚀现象,或者底盘有被刮碰的痕迹,使以前的保护胶或者油漆被损坏了,露出钢铁部分了。一定先将这些部位处理好,否则直接做装甲将损坏的部位遮盖住,锈蚀仍然会在内部发生。

④贴护(图6-8)。首先对油管和露出的螺栓等部位做好贴护。底盘保护胶不可使用在汽车可转动部分和需要散热的部位。然后将变速器、传动轴、油箱、转向轴、排气管等部位用报纸密封起来。

图6-8　贴护

(2)喷涂装甲。一般要经过两次喷涂,然后做竣工检查。

首次喷涂的量不要过多,能有50%的遮盖力就可以,喷涂完成后静置5min左右,进行下一次喷涂,如图6-9所示。

再次喷涂时要将底材全部遮盖,不能露出底盘原来的颜色,达到完全保护的目的。如果产品使用说明中有明确要求,可能会分多次喷涂。具体情况要按产品操作说明来做。

喷涂完毕后做竣工检查。撤掉保护贴纸,检查是否还有遗漏的地方,是否在不应该喷涂的部位被喷涂上了,如图6-10所示。

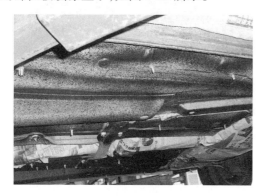

图6-9 首次喷涂

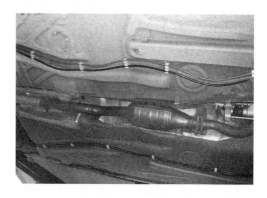

图6-10 竣工检查

(三)车身颜色变更

一般的原厂车漆颜色单调,可选颜色较少。车身颜色可以通过贴膜和重新喷涂面漆更换自己喜爱的颜色,创造个性化汽车,如图6-11所示。车身改色后,需要到车管所进行变更行驶证,完成年检。

1. 车身改色贴膜

(1)改色贴膜前的准备:要做好车身的清洁、拆下影响粘贴的车身附件,而且温度也要适合。

粘贴彩条或贴膜最好在10~30℃的温度之间进行。温度过高会导致贴膜抗拉伸性能降低,施工时容易变大;温度过低会影响贴膜的柔性,从而影响其附着效果。贴膜前使用水和中性清洗剂将车身表面彻底清洗干净。为了使贴饰能牢固地附着在车身上,车身表面必须没有灰尘、蜡质、油类和其他脏物。必要时,还应事先对粘贴部位进行抛光处理。拆卸影响粘贴的车身附件,如车门把手、边灯、牌照等。

图6-11 粘贴车身保护膜

(2)粘贴彩条或贴膜操作如下:按板件大小裁剪车身保护膜,测量时应适当加长一些(一般大5cm左右即可),以防出错。将背纸慢慢地撕去,小心不要弄脏带安装胶的附着表面。用清洗剂溶液将贴膜的附着表面彻底弄湿,这将使它暂时失去附着力。并在车身粘贴位置上也喷涂一些。将贴饰定位在车身上。定位好之后,将其与车身结合处的清洗剂溶液挤出来,使其牢牢地贴在车身表面上。用橡皮滚子或柔软的棉布压擦贴膜,使其粘贴更牢固。贴膜末端可使用小刀切割,注意操作时动作要轻,切勿划破车身表面涂层和其他车身表面,如图6-12所示。

保护膜的边缘部位要长于车身板件边缘2~3mm,并向内粘贴牢固。粘贴时按车身板件分块操作,最后将整车有涂膜的表面全部粘贴上保护膜,如图6-13所示。

图6-12　按车身形状裁切

图6-13　按车身板件分块操作

2. 车身涂膜的重新喷涂

有些车主想把自己的车身完全改色或改成幻彩漆,那就需要重新喷涂。

(1)穿戴好防护用品:防静电工作服、耐溶剂手套、防毒面具、安全鞋、工作帽、防护眼镜等。

(2)用 P240 干磨砂纸或 P400 水磨砂纸在旧涂膜上打磨,将喷涂部位打磨平整。所有需要喷涂的部位都要打磨到,不能有遗漏,打磨后表面光滑,无橘皮纹。如果面漆要喷涂单工序的素色漆,最后要用 P400 号干磨砂纸或 800 号水磨砂纸打磨一遍。如果面漆是金属漆,最后要用 P500 号干磨砂纸或 1000 号水磨砂纸打磨一遍。

(3)喷涂底色漆。用除油剂清洁整个板件,用粘尘布进行喷涂前除尘作业。底色漆一般喷 2~3 层,每一层底色漆干燥后,用粘尘布除去多余的银粉后再喷下一层,直至完全遮盖底层颜色。

(4)喷涂罩光清漆。喷涂完金属底色漆后,等到涂膜完全干燥,可以用干净的粘尘布将涂膜表面的漆雾擦净,防止有金属颗粒浮在表面,影响最后的涂膜效果。喷涂第一层清漆,闪干 5min 后,喷涂第二层清漆。清漆喷涂完成后静置让涂膜流平 5min,然后进行加热干燥。要求干燥温度要达到 60℃,大约烘烤 30min 涂膜即可干燥。

(四)汽车外观装饰

汽车车身装饰的内容十分丰富,可以分布在汽车车身的每个角落。有改变车身外部形态的装饰,如车身大包围装饰、各种车身贴饰等,如图 6-14a)所示;有改变汽车行驶安全性的装饰,如导流板和扰流板装饰、犀牛皮装饰、防擦条装饰,如图 6-14b)所示;有改变汽车乘坐舒适性的装饰,如门窗上的晴雨挡装饰,如图 6-14c)所示。

a)车身贴饰

b)防擦条

图　6-14

单元六 汽车装饰与个性

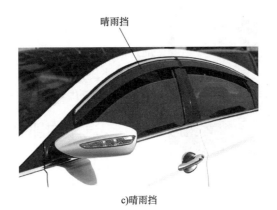

c)晴雨挡

图 6-14 车身装饰

1. 车身贴饰

（1）车身美观贴饰：是在车身外表贴上各种图案的装饰。这种装饰不仅能突出车身轮廓线，还能协调车身色彩，给人以丰富的联想和舒适的心理感受，使车身更加多彩艳丽。

国外的车身贴饰最早是出现在赛车上，因为赛车运动需要赞助商的支持，所以，车身上五颜六色的赞助商标识就成为了一种"极速广告"。其内容无外乎改装厂牌、配件商标、机油广告等。只要赛场上有的，车迷就会喜欢，所以，车身贴饰很快就出现在其他车上，且由单纯的商标发展到贴花、彩条等多种图案。如图 6-15 所示。

图 6-15 车身贴饰

（2）车身保护贴饰：车身保护贴饰分布在车身容易受到磨损的部位，粘贴透明的保护膜。比如门把手对应的圆弧里，开关车门时最容易受到手指的划伤。车后门口的下部，乘员上下车时总是容易划伤该部位的车身涂层。车身保护膜类型多种多样：有表面光亮的，也有表面带纹理的；有无色透明的，市场比较流行，被形象地比喻为"隐形车衣"；有带颜色但是无光泽的，粘贴后有亚光效果；有带颜色还有光泽的，达到原车新涂膜的效果；有炫彩效果的，粘贴到车轮轮辋或者仪表板等内饰件表面，彰显车辆的品位与个性。

2. 汽车导流板与扰流板装饰

汽车导流板是轿车前端保险杠下方抛物形连接板。扰流板是轿车行李舱盖上后端形似鸭尾状的构件，如图 6-16 所示。优美的造型能使车身的流线型更加突出，使车身外部看起来更为美观。高速行驶汽车的车轮与地面的附着力会随着车速的提高而逐渐降低，从而引起车轮发飘，使汽车行驶稳定性下降。

图 6-16 车尾安装扰流板

图6-17 汽车车身大包围

3. 车身大包围装饰

汽车车身大包围是车身下部宽大的裙边装饰。汽车加装大包围给人以雍容气派、热情奔放之感。另外，还可以改善车身周围的气流对于运动中车身稳定性的影响。如图6-17所示。

二、汽车内部装饰

汽车内饰装饰内容五花八门，涉及内饰的各个方面，经过内饰装饰会改变汽车的风格，提升车辆的档次。

（一）座椅的装饰

1. 座椅套装饰

座椅套装饰不用对座椅进行任何改动，直接加装在座椅的外面就可以，就像座椅的外衣一样。加装座椅套主要是为了改变座椅的风格，保护座椅，提高舒适性，如图6-18所示。

2. 坐垫装饰

汽车坐垫方便实用，夏天可以解暑降温，冬季可以防寒保暖。只需要简单的粘扣或挂钩就可以安装和拆卸，使用起来十分方便。汽车坐垫按使用季节的不同分为：冬季坐垫、夏季坐垫和通用坐垫。按制造材料的不同可

图6-18 座椅套

以分为：毛坐垫（羊毛居多）、天然织物坐垫、混纺坐垫、竹制坐垫、石制坐垫等。

（1）夏季坐垫。夏季坐垫大都采用凉爽透气的材料制成，比如棉毛混纺坐垫、亚麻坐垫、草编坐垫、蚕丝坐垫、冰丝坐垫、竹制坐垫、石制坐垫等，如图6-19所示。

（2）冬季坐垫。冬季坐垫一般采用保暖性好的材料制成，比如各种皮毛。皮毛独有的奢华与尊贵，绝非其他人工材料所能比拟，还可以有效防止内室静电的产生。用皮毛制成的装饰品，高贵典雅，品味独特。但是皮毛材料容易脏污，清洗困难，使用时要注意维护，如图6-20所示。

图6-19 夏季坐垫

图6-20 冬季坐垫

(二)地板装饰

1. 透明汽车脚垫

透明汽车脚垫是一种典型的实用型汽车用品,它能有效地起到防水、防尘的作用,非常适合雨雪天气多的地区使用,如图6-21所示。一款好的透明脚垫应该有下列优点:

(1)轻便。透明汽车脚垫通常都有薄和厚之分,薄而耐磨的要好。厚的汽车脚垫相对来说是比较耐磨,但是高强度的耐磨性在实际使用中意义不大,而且厚的汽车脚垫大都比较重,使用不方便。

图6-21 透明脚垫

(2)异味少。车厢是一个相对密封的环境,加上某些空气质量较差的城市开窗更难受,但是如果车窗紧闭,汽车脚垫又异味很大,那么车内的空气污染就更严重了。

(3)盆状造型。盆状的汽车脚垫它不仅能很好地防水,而且能很好地贴着汽车地板,起到良好的防水和防尘的作用。

2. 保暖脚垫

保暖脚垫是冬季时车内的必备用品之一。汽车地板是与地面接触最近的部件,冬季的冷空气会把低温直接传导到地板上来,加装优质的保暖脚垫,可以使脚部免受冰冻之苦。因为绝大多数的保暖脚垫都是毛料的,所以使用的时候要格外注意一下,因为它清洁起来会比较麻烦。如图6-22所示。

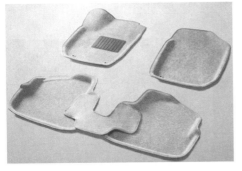

图6-22 保暖脚垫

(三)控制台的装饰

1. 合金装饰

在汽车上的装饰部件上使用的合金,绝大多数都是镀到基材上去的,主要是为了增加抗磨性、美观性和满足车主不同口味等的要求。汽车上常用合金的合金材料有如下几种:

(1)铝合金。由于铝合金质量轻、强度高,是现代轿车的车身使用材料的发展方向。如奔驰、宝马等高档轿车车身上就采用了大量的铝合金材料。

(2)钛合金。钛外观似钢,纯钛力学性能强,可塑性好,易于加工。钛是容易钝化的金属,且在含氧环境中,其钝化膜在受到破坏后还能自行愈合。因此,钛对空气、水和若干腐蚀介质都是稳定的。汽车上的钛合金内饰手感舒适,时尚动感,耐磨性好。主要用在变速杆手柄、转向盘、车门内衬板和仪表等处,如图6-23所示。

图6-23 精美的钛合金内饰

图 6-24　华丽的胡桃木内饰

2. 木质和仿木质材料

木质或者仿木质材料也是轿车内饰的主要材料之一，镶嵌在仪表板、中控板（副仪表板）、变速杆头、门扶手、转向盘等地方。桃木或仿桃木材料具有美观、高雅、豪华等特点，其独有的花纹图案可获得特殊的装饰效果。因此，一些高中档轿车用胡桃木做内饰材料，如图 6-24 所示，配上真皮面料座椅、丝绒内饰面料等，相辅相成，尽显一种优雅与华贵的气氛。中低档轿车在车内配置仿桃木材料后，也可提高档次。

（四）其他装饰

1. 转向盘装饰

（1）转向盘套装饰：汽车转向盘套类型繁多，主要作用为保暖和保护转向盘过渡磨损，如图 6-25 所示。转向盘套尺寸要与转向盘吻合，保证不滑动。

（2）转向盘亮片装饰：可以按照个性需要为转向盘外观选择合适的装饰亮片。

具体操作时先将安装处表面清理干净，去除油污等，清理完成后确保安装处干燥。将装饰亮片试安装，查看各处是否贴合，做适当调整，用裁纸刀轻轻刮去多余处。将专用胶水均匀涂于粘接表面（亮片粘接表面和转向盘安装处表面都需要涂上胶水），在通风处放置 15min。15min 后，胶水表面基本干燥（未干燥可以适当延长时间），将亮片安装到位，并做固定，1h 达到最大强度。安装完成后明显改变转向盘的风格，如图 6-26 所示。

图 6-25　转向盘套

图 6-26　转向盘亮片装饰

2. 内饰改色

对于转向盘、车门内饰板等处被磨损掉色是避免不了的，香水等化学用品滴漏到仪表板等部位,有可能对其造成腐蚀掉色。内饰掉色会显得汽车很旧,暗淡无光。解决这些问题的办法就要用到内饰的翻新和改色工艺。

(1)拆卸零件。将需要翻新改色的内饰件拆卸下来,车门内饰板、仪表板、A柱内饰板、B柱内饰板、C柱内饰板、变速杆下装饰板、转向盘下装饰板、扶手箱等需要改色的部位拆卸下来,如图6-27所示。

(2)重新上色。将拆卸下来的内饰板件进行清洁,并进行打磨处理。按要求喷涂改色,并进行干燥。如图所6-28示。

(3)安装复原。将改色后的内饰板件重新安装,如图6-29所示。

图6-27 拆卸需要改色的内饰件

图6-28 喷涂改色

图6-29 安装复原

三、汽车精品装饰

(一)车载音响装饰

1. 汽车音响概述

汽车的运行环境是十分恶劣的,包括振动、高温、噪声、电磁波等都会干扰车内电子设备的正常工作。汽车音响随时受到汽车发动机点火装置及各种用电电器的电磁干扰,尤其是车上所有电器都用一个蓄电池,更会通过电源线及其他线路对音响产生干扰。因此轿车专用的音响设备,不论从设计和工艺制造方面的要求都要比家用音响严格。从这个意义上讲,高性能的轿车音响实际上是当今音响世界中的顶级品,如图6-30所示。

(1)安装技术。轿车上的音响绝大多数安装在仪表板或副仪表板的位置上,而这些

图6-30 汽车音响

仪表板内的空间比较狭窄,汽车音响主机的体积必然要受到限制,因此国际上就产生了一个通用的安装孔标准尺寸,称为 DIN(德国工业标准)尺寸。标准的 DIN 尺寸为 178mm×50mm×153mm(长×宽×深)。有些比较高级的汽车音响主机带有多碟 CD 音响等装置,安装孔尺寸为 178mm×100mm×153mm,又称为 2 倍 DIN 尺寸。而有个别品牌的轿车其音响主机属于非标尺寸,只能指定安装某种型号的汽车音响。

(2)避振技术。汽车的振动比较大,音响系统的安装要追求高稳定性和高可靠性。

(3)音质处理技术。汽车音响的音质处理已朝数码技术发展。音质优劣除了主机配置外,还有喇叭的质量起到非常重要的因素。所以,轿车音响的喇叭一般是比较讲究的,尤其是多路分频喇叭更是如此。

(4)抗干扰技术。对电源线的干扰采用扼流圈串在电源与音响之间进行滤波,对空间辐射干扰采用金属外壳密封屏蔽,在音响中专门安装抗干扰的集成电路,用以降低外界的噪声干扰。

2. 汽车音响的改装

(1)搭配设计。根据车主的个性化要求、音乐喜好、听音习惯、车型状况和投资标准进行系统优化搭配设计,选择音响系统的器材,如图 6-31 所示。

(2)拆件隔音。汽车的门板也是音箱的一部分,它作为扬声器的自然障板,对扬声器系统的音质起着关键的作用之一。所以说,汽车音响中的门板处理,如同民用音响的音箱箱体制作一样,应引起足够的重视。在改装过程中,要在减振、隔音、密封三方面对门板进行处理,以达到高保真音效的目的。

减振主要是尽量减少安装扬声器部位周围的振动,因为扬声器在工作时,音盆所产生的振动也会导致其周边的钢板部分也产生振动,从而使音盆振动产生非线性失真,影响整体音质。减振的方法一般是用固定法进行减振,就是在门板的内侧,贴覆硬度较大的减振板如胶板等材料,如图 6-32 所示。

图 6-31 选择合适的音响器材

图 6-32 车门减振处理

隔音的方法是降低固体噪声的传入,一般地在减振的材料中,会采用双层的材料同时做到吸声隔音的处理,同时在发动机罩、防火墙等处都可以贴覆减振材料等。而要滤除由空气中传来的噪声,在汽车环境中,比较难以处理。一般只能对汽车的密封性做处理,也就是对汽车的橡胶边条做良好的处理,如对于年份较高的汽车,最好是重装新的橡胶边条。

(3)套管布线。对配置好的电源线、音频线和喇叭线分别套蛇纹保护管保护,安装独立保险紧扣布线。

(4)装配主机。一个成功的主机改装,应是综合考虑到改装后的主机与原车的匹配性,并考虑到所有的改装配件是否齐全。只有改装的方法得当,配件齐全才能达到最佳的改装效果。将主机安装到设计好的位置,保证安装牢固。

(5)安装功率放大器。将功率放大器按设计位置紧固安装,多数选择安装在后备舱内,吊装时如果空间准许,要装减振包布木板。

(6)安装喇叭。将塑料喇叭垫、防水罩和密封圈垫安装好后,如图6-33所示,用国标螺钉紧固安装喇叭。

(7)连接线材。用标配线材对音响器材按安全标准和工艺标准进行连接。接头部位要用热熔管做好套管保护。

(8)整理复原。将拆下的各装饰件恢复原状,紧扣到位,如图6-34所示。

图6-33　喇叭安装

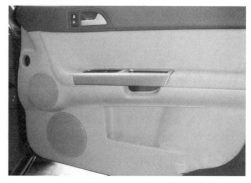

图6-34　内饰复原

(9)相位检测。检测线路的连接情况,测试可能出现杂音的各种情况,尽量消除杂音或向客户解释原因。

(二)汽车安全精品装饰

1.汽车防盗器装饰

目前市场上的汽车防盗装置可分为机械式、电子式、芯片数码式和网络式四大类。随着电子和网络技术的不断发展,新型的汽车防盗装置会被陆续开发出来。

(1)机械式防盗装置是采用金属材料制作的各种防盗锁具,包括转向柱锁、转向盘锁(图6-35)、踏板锁(离合器踏板锁、制动踏板锁)、变速杆锁、车轮锁等。使用时,通过这些防盗锁具锁住汽车的操纵部件,使窃贼无法将汽车开走。该类防盗装置的特点是简便易行,价格便宜。缺点是防盗性不高,还不能报警。

(2)汽车电子防盗器一般都具有遥控功能,安装隐蔽,操作简便。缺点是容易误报,不能从

图6-35　机械式转向盘锁

根本上解决车辆丢失问题。随着科技的发展,汽车电子防盗器增加了许多方便、实用的附加功能。现在市场上出现了具有双向功能的电子防盗器,它不仅能由车主遥控车辆,车辆还能将自身状态传送给车主。

(3)芯片式数码防盗器是现在汽车防盗器发展的重点,大多数轿车均采用这种防盗方式作为原配防盗器。芯片式数码防盗器基本原理是锁住汽车的电路或油路,在没有芯片钥匙的情况下无法起动车辆。数字化的密码重码率极低,而且要用密码钥匙接触车上的密码锁才能开锁,杜绝了被扫描的弊病。

(4)网络防盗是指通过网络来实现汽车的开关门、起动、截停汽车、汽车的定位以及车辆会根据车主的要求提供远程的车况报告等功能。网络式汽车防盗系统主要有两种:一种是全球卫星定位,通过GSM进行无线传输的GPS防盗系统,俗称"天网";另一种是以地面信标定位,通过有线和无线传输对汽车进行定位跟踪和防盗防劫的CAS防盗系统,俗称"地网"。网络防盗主要是突破了距离的限制,覆盖范围广,可用于被盗汽车的追踪侦查,可全天候应用,破案速度快,监测定位精度高。

2.汽车倒车雷达装饰

倒车雷达是汽车泊车或者倒车时的安全辅助装置,能以声音或者更为直观地显示告知驾驶人周围障碍物的情况,解除了驾驶人泊车、倒车和起动车辆时前后左右探视所引起的困扰,并帮助驾驶人扫除了视野死角和视线模糊的缺陷,提高驾驶的安全性。

(1)汽车倒车雷达系统的组成:包括主机、显示器、探头和连接电源线等,如图6-36所示。有些汽车倒车雷达系统还增加了辅助功能,比如加装车内和车外的温度传感器等,能将温度在显示屏上直观地显示出来。

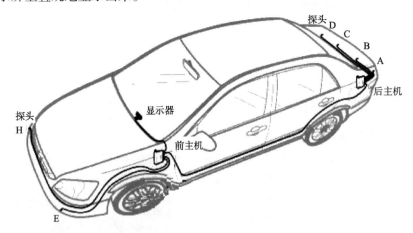

图6-36 汽车倒车雷达组件

在车的后保险杠或前后保险杠设置雷达探头,用以侦测前后方的障碍物,当遇到障碍物时,产生回波信号,探头接收到回波信号后经主机进行数据处理、判断出障碍物的位置,由显示器显示距离并发出其他警示信号,使倒车变得更轻松。帮助驾驶人"看到"前后方的障碍物,或停车时与它车的距离,此装置除了方便停车外更可以保护车身不受剐蹭。

(2)汽车倒车雷达的安装:包括前主机安装、后主机安装、探头安装和显示器安装。

前主机安装时尽量远离原车电子元件,建议安装在副驾驶的位置,如图6-37所示。

单元六 汽车装饰与个性

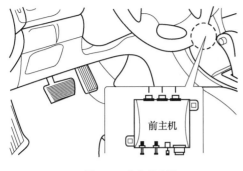

图6-37 前主机安装

后主机安装在行李舱的左侧,与探头连接好,安装要牢固。同时找到倒车灯线准备与前主机相连。

前后探头的安装位置如图6-38、图6-39所示。

显示器安装于仪表台、前风窗玻璃或空调出风口处,如图6-40所示。安装好显示器后要将连接线埋设好以免影响美观。

(3)汽车倒车雷达功能验证:安装完毕,应先确认功能是否正常,方可使用。验证方法为:将规格为30cm×100cm的木板竖起放于汽车后方,驾驶人慢慢倒车,验证汽车倒车雷达的相应功能,如图6-41所示。

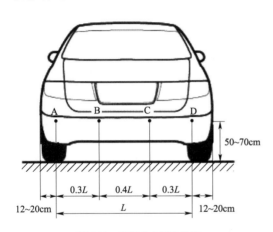

图6-38 后部4个探头位置

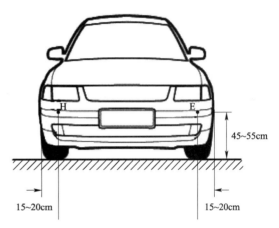

图6-39 前面2个探头位置

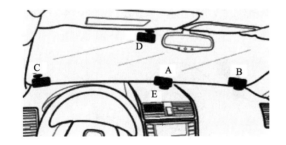

图6-40 显示器的安装位置
A、B-仪表台位置;C、D-前风窗玻璃位置;E-空调出风口位置

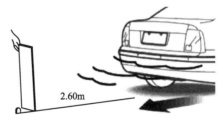

图6-41 倒车雷达功能验证

(三)其他车载电器精品装饰

1.汽车轮胎压力监测系统装饰

有数据显示,交通事故中因为爆胎而引发的交通事故占20%。根据统计,高速公路46%的交通事故是由于轮胎发生故障引起的,其中爆胎一项就占事故总量的70%。而当车

速超过 160km/h 的情况下如果发生爆胎,那么死亡率就是 100%。由此可见,轮胎安全也是行车的重中之重。而造成爆胎的因素中,胎压不足算是首要原因了。

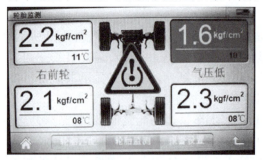

图 6-42　胎压报警提示

胎压监测系统就能让驾驶人随时了解轮胎气压的情况,如图 6-42 所示。尤其是安装了防爆胎的车辆,只通过外观根本无法判断胎压是否正常。

(1)胎压检测形式:主要分为是直接式和间接式两种形式。

直接式胎压监测装置是利用安装在每一个轮胎里的压力传感器来直接测量轮胎的气压,利用无线发射器将压力信息从轮胎内部发送到中央接收器模块上的系统,然后对各轮胎气压数据进行显示。当轮胎气压太低或漏气时,系统会自动报警。

间接式胎压监测的工作原理是当某轮胎的气压降低时,车辆的质量会使该轮的滚动半径变小,导致其转速比其他车轮快。通过比较轮胎之间的转速差别,以达到监视胎压的目的。间接式胎压监测装置没有直接式准确率高。

(2)胎压监测系统的安装:间接式胎压监测系统都是原车自带,这里我们只介绍直接式胎压监测系统的安装。

轮胎放气,去掉车轮上的旧平衡块和轮胎花纹里的杂物,用扒胎机扒开轮胎。用裁纸刀小心割掉原轮毂上气嘴底部橡胶,注意不要损伤轮辋。扯出原配气嘴,小心清理残留物,安装胎压传感器,注意传感器上的胎位标志要与所装轮胎对应,如图 6-43 所示。重新安装轮胎,并做车轮动平衡检查,将做好平衡的车轮装到车上。

把主机和显示屏安装到仪表台的合适位置,便于观看,并且保证牢固。

起动发动机进入胎压监测界面,按对应的轮胎,手动匹配各项参数,如图 6-44 所示。在匹配参数的过程中轮胎要进行充气、放气连续超过 4s,系统才能收到数据信息。

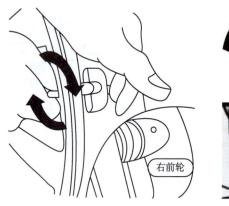

图 6-43　安装胎压传感器

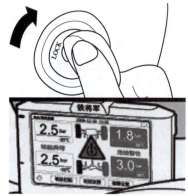

图 6-44　设定参数

行车检验系统,并按实际情况调整更精确的胎压值,如图 6-45 所示。

2. 行车记录仪装饰

行车记录仪是记录车辆行驶途中或停车时的影像及声音等相关信息的仪器。安装行车记录仪后,能够记录汽车行驶全过程的视频图像和声音,可为交通事故提供证据,防止违法的"碰瓷"行为。

图6-45　行车调整

行车记录仪主要分为便携式和一体式两大类,其中便携式又分为后视镜行车记录仪与数据行车记录仪,这类记录仪具有隐蔽性好、安装方便、可拆卸更换、成本低、使用简单等特点;而一体式一般是专车专用,安装这种记录仪成本较高,改装难度较大,但是安装之后可以保持车内环境的美观,此外,也有部分豪华车型在出厂时已经安装了行车记录仪。

行车记录仪的安装简单,首先确定好安装位置,多数记录仪都安装在内倒车镜附近。电源从点烟器处取电,规划好电源线的布置路线,如果线路布置在表面会影响美观,同时也影响行车安全,一般按图6-46所示的方式进行线路布置。

图6-46　记录仪走线

单元小结

(1)车主购买新车时,汽车营销人员可以向车主推介一些个性化的装饰,包括汽车外部装饰、内部装饰和精品装饰。

(2)汽车外部装饰主要包括车身封釉、底盘装甲、颜色变更、外观装饰;汽车内部装饰主要包括座椅装饰、地板装饰、控制台装饰等;汽车精品装饰包括车载音响、安全精品装饰等。

技能训练

1. 技能训练准备

(1)一辆轿车。

(2)毛巾、光亮釉、封釉机等。

(3)工作单。

2. 技能训练步骤、要求

工作单见表6-1。

工 作 单　　　　　　　　　　　表6-1

涂膜封釉	描述封釉操作流程：	操作中出现哪些问题，如何解决：
底盘装甲	描述装甲操作流程：	操作中出现哪些问题，如何解决：
掌握情况	熟练☐　一般☐　差☐ 哪些地方需要改进和提高：	

 思考与练习

（一）填空题

1. 车身贴饰的种类繁多，分布在车身的每个角落。大体可分为车身美观贴饰和（　　　）两大类。

2. 在汽车车身后端安装扰流板，是通过其（　　　）改善车辆高速行驶时的空气动力学性能，从而保证汽车的安全行驶。

3. 一款好的透明脚垫应该有轻便、异味少、（　　　）等优点。

4. 安装防盗报警喇叭时，要求喇叭口（　　　），并要远离发动机排气管高温处，以免因高温损坏喇叭。

5. 汽车音响技术要注意的地方有（　　　）、安装技术、音响本身的避振技术和音质的处理技术。

（二）判断题

1. 车身封釉不仅可以起到美观的作用，还能保护车身漆膜。　　　　　　　　（　　）

2. 底盘装甲也叫"底盘封塑"，它是一种底盘防腐蚀护理工艺。　　　　　　（　　）

3. 在汽车音响的改装过程中，要在减振、隔音、布线三方面对门板进行处理，以达到高保真音效的目的。　　　　　　　　　　　　　　　　　　　　　　　　　　　　（　　）

4. 高档轿车用胡桃木做内饰材料，配上真皮面料座椅、丝绒内饰面料等，相辅相成，可以体现优雅与华贵的气氛。　　　　　　　　　　　　　　　　　　　　　　　　（　　）

5. 胎压监测装置是利用安装在每一个轮胎里的压力传感器来测量轮胎的气压，利用无线发射器将压力信息从轮胎内部发送到中央接收器模块上的系统，然后对各轮胎气压数据进行显示。　　　　　　　　　　　　　　　　　　　　　　　　　　　　　（　　）

（三）简答题

1. 简述汽车底盘装甲的施工流程。

2. 简述前2后4共6个探头倒车雷达系统的安装方法。

单元七 汽车推介技巧

学习目标

1. 能够说出汽车推介的基本流程;
2. 能够规范地完成需求分析、展车介绍、试乘试驾、成交交车;
3. 能够根据汽车推介主题要求制订新车上市推介会。

一、汽车推介流程

如图 7-1 所示,汽车推介流程从售前准备一直到最后的售后跟踪,一共有七个环节。我们可以把每一个环节看成是一颗珍珠,完整的汽车推介流程就是把这些珍珠一颗颗地串联起来。下面分别介绍汽车推介各个环节。

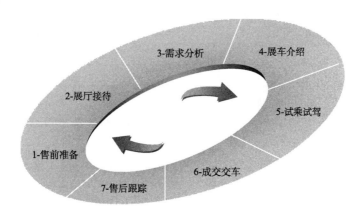

图 7-1 汽车推介流程

(一)售前准备

售前准备包括汽车营销人员的准备、展厅及展车的准备。

1. 汽车营销人员的准备

汽车营销人员的准备包括仪容仪表的准备、销售态度的准备、销售知识的准备和销售工具的准备。

(1)仪容仪表的准备:汽车营销人员在进入工作岗位前要整理仪容仪表,并根据《仪容仪表自检表》(表 7-1)进行自检和相互检查。在晨会时,销售经理根据《仪容仪表检查表》对

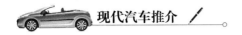

所有展厅接待人员的仪容仪表进行检查;如果不合格,现场纠正。

仪容仪表自检表　　　　　　　　　　　　　　　　　　表7-1

项　目	检查要点	执行情况	
		是	否
西装	西装熨烫整齐,每周更换		
	西装第一粒纽扣需要扣住,最下方的扣子不扣		
	上衣口袋和裤子口袋内没有放重物,不鼓胀		
	肘部弯曲时,衬衫袖口外露外套上衣袖口1~2cm		
	套装上衣长度手臂自然垂直,双手自然弯曲时手指第三节正好接触到西装上衣末端		
	衬衫领口比外套上衣领口高1~2cm		
衬衫	衬衫每日更换,熨烫平整,领口袖口保持清洁,没有污迹		
	衬衫领口正好可以容纳2指伸入,不宽不紧		
领带/丝巾	衬衫、领带/丝巾和西服搭配协调		
鞋袜	皮鞋擦拭干净明亮		
	男士皮鞋选择系带款式,颜色为黑色;女式皮鞋统一为黑色船型鞋		
	男士袜子为黑色,女士袜子为肤色,如果穿套裙,穿着长丝袜		
工作牌	佩戴公司要求的工作牌,位置在胸前左上方口袋正上方2cm处		
耳麦	佩戴符合公司要求的耳麦,耳麦机身应别在腰左后侧,耳麦线束统一固定在工作服左侧		
头发	头发精心的梳洗,没有染夸张的发色		
指甲	指甲保持清洁,修剪整齐		

(2)销售态度的准备:汽车营销人员的态度是销售工作开展得基础,正确的态度不仅能够帮助自己开展销售工作,也能够促进业绩目标的完成,而且在遇到拒绝的时候,也能够调整自我心态,良好的态度是对成功汽车营销人员最重要的职业要求。

①对待客户的态度:对待客户的态度一定要热情,热情的态度是成功销售的关键,还要站在客户的角度,考虑客户所能得到的利益,帮助客户做正确的选择。

②对待销售的态度:销售是一件非常有挑战性的工作,它会有很多失败的打击,所以一定要投入精力、勤奋去争取每一位客户,更重要的是要热爱销售工作,可以从中得到乐趣,这样面对挫折的时候才能振奋精神,继续迎接挑战。

③对待企业的态度:企业提供了优良的销售环境和多方位的销售支持,它是销售工作开展的舞台和后援,所以应该感谢企业,并对它保持忠诚,从企业的利益出发去考虑事情,这对个人和公司来讲都是非常重要的。

(3)销售知识的准备:汽车营销人员应具全面的知识,不仅仅要了解本行业内的知识,而且还要了解跨行业的知识和动态,另外必要的商务礼仪知识也是销售人员所需要的。

(4)销售工具的准备:汽车营销人员上岗前要准备好必备的工具、必备的单表及其他辅助用品。

必备的工具包括:名片、公司简介、产品宣传单页、计算器、笔和纸,如图7-2所示。

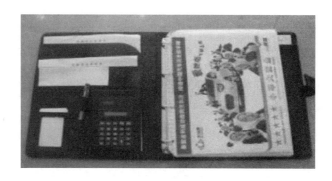

图 7-2　销售必备工具

必备的单表包括：竞争对手分析表、报价单、当日库存报表、试乘试驾保证书、保险说明书、合同、订单。

其他辅助用品包括：小礼品、订书机、公司获奖证明、各地区销量数据、各地的服务网络清单、成功签订的订单等。

2. 展厅的准备

(1) 展厅外的准备：每天早上营业前，保洁人员应清扫展厅外的地面、停车位和展厅门口，擦净展厅外的标识。试乘试驾专员应检查试乘试驾停车位，确保试乘试驾车辆全部停放在指定车位，车位没有被其他车辆占用；检查试乘试驾停车位指示牌是否清洁。每天晨会前，展厅经理应检查客户停车位，保证停车位没有其他车辆停放；根据停车位的数量，为当天预约的客户保留 1~2 个车位。

图 7-3　展厅内的准备

(2) 展厅内的准备：每天早上营业前，确保展厅所有硬件设施整洁、完好、可用，如图 7-3 所示；展厅经理要按照《硬件设施检查表》(表 7-2) 进行检查。根据室外温度调整展厅内空调温度，使温度适宜。根据户外天气和日照情况调整灯光亮度，使展厅内足够明亮，便于赏车。播放轻松的背景音乐，音量适当，以不打扰客户赏车和交谈为限。其他展品干净整洁、摆放整齐。根据当地的习惯和季节准备四种饮料供客户选择（冷/热的白开水/冲泡饮料或汽水）。

硬件设施检查表　　　　　　　　　　　　表 7-2

检查项目	检查要点	执行情况		责任人
		是	否	
经销店	路面指示标识指引客户到达经销店			
	经销店在远处清晰可见			
停车场	预留客户专用停车场/区			
	专用停车场/区上没有非客户车辆			

续上表

检查项目	检查要点	执行情况 是	执行情况 否	责任人
展厅	展车数量符合网络发展与管理部最新展厅展车布局方案摆放			
	车辆信息牌清楚			
	可以方便看到车辆价格			
	展厅内灯光充足			
	展厅内温度适宜			
	展厅内为了营造舒适的环境而采取了一些措施(适宜的空调、没有异味、有音量适中的背景音乐、避免噪声)			
洽谈区	有专用的洽谈区			
	洽谈区互不打扰			
	区分吸烟区和非吸烟区			
	准备了4种以上的饮料供选择			
卫生间	干净无异味			
	设施和备品齐全			

3. 展车的准备

(1)展车的准备:所有展车须通过PDI检查,以保证车况及所有设备/设施可用。每天早晨开始营业前,展厅经理应按照《展车形象检查表》(表7-3)要求检查展车准备状况,如发现不合格,应立即组织人员予以纠正。每次产品展示结束、送别客户后,应及时清理该展车,并将相关设备恢复到标准展车摆放状态。

展车形象检查表　　　　　　　　　　　　　　　　　　　　表7-3

检查项目		检查要点	责任人	检查结果	整改意见
展车摆放	摆放	按设计图样或网络发展与管理部展厅展车布局方案摆放			
	其他品牌	展厅内没有其他品牌的整车、附件、宣传物品			
展车外表	油漆保护膜	去除油漆保护膜			
	油漆和玻璃	车身整洁,没有灰尘或指印			
		玻璃无破损,内外面干净,没有灰尘和指印			
	轮胎	轮胎没有污渍并且上蜡,表面光亮、漆黑			
	轮毂品牌标志	轮毂的车标朝上			
	前后牌照	使用市场部下发标准车牌或与其设计、材质一致			
		粘贴完好			
	车垫	使用品牌指定的统一车垫			

续上表

检查项目		检查要点	责任人	检查结果	整改意见
展车外表	价格配置表	按照品牌规范摆放			
		为标准的印刷表格,没有手写涂改			
	车窗和天窗	处于开启状态,天窗遮阳板打开(太阳能天窗除外)			
	行李舱	行李舱锁处于开启状态			
	车锁	所有车门都可以打开,让客户自由出入			
	蓄电池	蓄电池充足电			
展车内部	保护膜和气味	整车内部没有任何保护膜			
		展车内没有任何除新车气味外的其他气味:香水、烟味			
	脚垫	使用品牌原厂脚垫			
	座椅	前排座椅调整至最低的位置,靠背与B柱重叠,方便客户进出			
		头枕调至常规位置			
		安全带正确地缩进到位			
	车内时钟	展车内时钟保持与北京时间一致			
	收音机	收音机调到当地常用、清晰的FM频道,音量适中			
		只要车型配备允许,将当地常用广播电台存入快捷键,以便让客户迅速切换喜欢的电台			
	CD	准备了3种不同风格的CD(如古典、流行、民族等)			
	转向盘	转向盘回正不歪斜			
	展车附件	齐全、完好、安装到位			

(2)展车的摆放:展车应按照公司最新发布的展厅展车布局方案进行摆放。展车摆放时应考虑到颜色和主题层次(如新品上市、热卖车型、促销车型),尽可能做到款式齐全。主展台上摆放主推车型,建议为最高配置。

(二)展厅接待

1.客户进店接待

(1)客户抵达时:当客户到达经销店时,如果客户未开车,由门卫引导到展厅,用耳麦通知展厅接待员和销售顾问。由展厅接待员在展厅门口迎接客户并引导进入展厅。

(2)引导客户停车:如果客户开车,由门卫引导到指定停车区域,用耳麦通知展厅接待员和销售顾问。展厅接待员主动出门迎接并到停车处,等客户打开车门锁后立即为客户打开车门,如图7-4所示;用礼貌地方式称呼客户姓氏,等待客户拿好随身物品,指引客户到展厅入口。抬手开启自动门,引导客户进入展厅。

如果客户在雨雪天或酷暑时前来,展厅接待员主动拿伞出门迎接,如图7-5所示;天热时为客户车辆安置前后风窗玻璃遮阳罩。

图 7-4　为客户开车门

图 7-5　为客户撑伞

2. 展厅客户接待

(1) 邀请客户到洽谈区：展厅接待员引导客户选择吸烟区或非吸烟区入座，优先考虑靠近或客户意向车型（针对再次进店客户）的洽谈区，座位朝向应便于让客户看到展车。如座位为可移动的椅子，应为客户主动拉椅子。如座位为不可移动的沙发，应用标准手势，并使用标准用语"请"。招呼客户同行人员入座。主动告知可供选择的饮品种类（4种选择），询问客户喜爱的饮品。通过耳麦通知另一位展厅接待员提供饮料。

图 7-6　展厅接待员向客户介绍销售顾问

(2) 介绍销售顾问：首次进店客户，展厅接待员应向客户介绍销售顾问，如图7-6所示。

销售顾问利用"名人记忆法"或"谐音记忆法"报出自己姓名，与客户握手。展厅接待员向销售顾问介绍客户（姓氏、来访目的），询问是否需要其他服务，感谢客户，告退。

对于再次进店的客户，销售顾问问候客户时称呼其姓氏，然后根据客户来意进入相应的流程。

注：

名人记忆法话术：

销售顾问："张先生（使用展厅接待员告之的姓氏）您好，欢迎光临！我是这里的销售顾问关杰伦（同时递上名片），关公的关，周杰伦的杰伦，很高兴为您服务！"

谐音记忆法话术：

销售顾问："张先生，您好，欢迎光临！我是这里的销售顾问葛艇。我的名字很好记，我是这里最喜欢唱歌的人，最喜欢去'歌厅'。'歌厅'就是我，很高兴为您服务！"

3. 接待与寒暄

销售顾问再次问候客户,给客户递上名片,并对自己的职务、姓名作简单介绍,如图7-7所示。

通过寒暄的方式,创造轻松的谈话氛围,利用"比较赞美法"或"应时应景法"选择合适的寒暄话题,快速与客户建立关系,消除紧张气氛,获取客户的信任。

图7-7　销售顾问再次问候客户

注:

比较赞美法话术:

"张先生,我看到您的计算机包很别致,我想您应该用的是××品牌最新的型号吧?(等待客户回答并仔细聆听)原来您是IT专家,我最近一直想换一款新的计算机,所以一直在关注、比较××品牌和××品牌的几款产品,真是很巧,刚好前几天我有个客户也是做IT的,他也买的是我们店的××,我请教过他,他推荐的是××品牌的××,对这款计算机不知道您的看法是什么样的呢?"

应时应景法话术:

销售顾问:"张先生,您最近去看了世博会了吗?……还没有?那我推荐您去看看德国馆。我上周末刚去看过。德国馆里有个悬挂在展厅里的金属球,直径有3m、重达1t,表面安装了40万个发光二极管。如果几百名参观者统一发出呼喊,金属球便随着喊声来回摆动。喊声越大,摆动幅度越大,球体表面还会变幻出五颜六色的图案,很有意思……"

(三)需求分析

1. 判断客户类型

尽管充分的准备可以帮助销售顾问在接待客户时获得自信和热情,但是请注意,由于客户的个性不同,他们的行为可能千变万化。在客户的接待过程中,根据客户的特点,调整接待方式是很重要的,这样就可以更好更快地,自然而然地赢得客户的信任。

(1)主导型客户:他们的特点是以自我为中心,时间观念较强,总力图支配周围的人和事。喜欢谈论他们自己,知道自己想要什么。喜欢发表自己的看法,不太注重细节。

对于主导型客户,销售人员的策略是言辞简单、扼要,不要试图改变其想法,可在提高他品位方面多做文章。

(2)分析型客户:他们的特点是思维周密、态度严谨。善于捕捉产品性能方面的一些细节。非常关心产品的性价比。大多数内向,有时难以交流,爱挑别。

对于分析型客户,销售人员的策略是多出示一些相关的数据分析以证明产品的科学性及合理性,以满足他们追求完美的心态。

(3)交际型客户:他们的特点是个性直率、开朗,行为方面不拘小节。喜欢接触新事物,追求新潮流,购买新产品。更多将产品作为个人身份和品位的象征。喜欢得到别人的认同,对自己的目标有时会有点不确定。

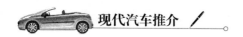

对于交际型客户,销售人员的策略是多一些产品操作展示活动,突出产品的新、奇、特几方面。在我们进行客户接待过程中,千万不要对任何客户进行先入为主的判断或分类。

2.需求分析流程

(1)使用FFB(F——配置、F——功能、B——利益)技巧介绍《客户购车咨询报告》(表7-4),告知客户将在客户离店之前呈交一份购车意向分析。

_____先生/女士客户购车咨询报告　　　　　　　　　表7-4

客户姓名		进店时间	____年___月___日
购车性质	□新车　　□二手车	接待的销售顾问	
车型配置要求	车型_____	备选品牌____车型____	备选品牌____车型____
最重视的性能	□排量　□变速器 □配置　□颜色	□排量　□变速器 □配置　□颜色	□排量　□变速器 □配置　□颜色
安全性	□ □ □	□ □ □	□ □ □
操纵性/动力性	□ □ □	□ □ □	□ □ □
舒适性	□ □ □	□ □ □	□ □ □
美观性	□ □ □	□ □ □	□ □ □
经济性	□ □ □	□ □ □	□ □ □
其他(选装包)	□ □ □	□ □ □	□ □ □
首选车型			
总结	请选出三个你认为最重要的配置		
👍			
👍			
👍			
建议您参考的其他车型			
国内权威汽车网站/论坛推荐			

(2)应用"聊天式提问技巧"向客户提问,尽可能多地了解客户信息。话题可以不拘泥

于产品,尽量扩大提问内容的范围。

(3)应用"积极倾听"技巧,利用需求分析问题清单,有选择性地利用开放式问题提问,从过去到现在到将来的问题,逐步深入探寻客户需求及产生需求生活方式/情形。

(4)在倾听过程中寻找机会,适时引导需求分析。

(5)在恰当的时机总结客户谈话的主要内容,通过封闭性问题寻求客户的确认。

(6)根据客户需求主动推荐合适的 1~2 款车型。

(7)询问客户是首次购车、添购还是置换购车。对于置换客户,则进行置换需求分析,包括置换业务介绍、置换信息沟通及评估铺垫。

(8)将收集到的信息填入《客户购车咨询报告》。

(9)引导客户走向展车,结合客户需求介绍产品。

注:

FFB 技巧:

销售顾问:"为了让您能挑中最适合您的爱车,我们将为您做客观专业的产品介绍及分析,进而推荐一款最能满足您需求的座驾(B——利益),请您先看一下这份我们采用客户建议而设计的《客户购车咨询报告》(F——配置)。这份报告将帮助您确定对产品的期望和需求,有针对性地给出车辆在功能/性能/配置等方面的建议。同时,我会为您填写相关内容,并作必要的解释和说明(F——功能)。填好后,我们将把报告给您,以便您用来选车(B——利益),您看可以吗?"

聊天式提问技巧:

销售顾问:"张先生,看您刚才开过来的是一部 XX 车型,看这外观蛮新的,估计没开几年吧? 哦,5 年了啊! 您一定是经常维护汽车,不知道当时您买这车是比较关注在哪方面呢?"

销售顾问:"李女士,在您来到斯柯达之前,不知道还看过其他品牌吗?""哦,YY 啊! 不知道您对哪一款车型感兴趣呢?"用之前的回答引出下一个问题(表示对客户回答的兴趣)。

销售顾问:"哦,ZZ 也是一部蛮不错的车。不知道您是比较喜欢它哪方面呢?""您对车辆的动力、操控、安全、经济……有什么要求吗?"

积极倾听技巧:

销售顾问:"的确,在保证有澎湃动力的同时,是否能够节油环保也越来越受到重视了。"(倾听客户谈话时,注意身体前倾,适当点头对客户的观点予以肯定)。

(四)展车介绍

六方位绕车介绍,是一个比较规范化的汽车产品展示流程。最早由奔驰汽车所应用,后来被日本丰田汽车的"雷克萨斯"品牌采用并进一步完善到今天。

1. 六方位绕车介绍

六方位绕车介绍的流程如图 7-8 所示。

(1)左前部介绍:介绍品牌价值;介绍产

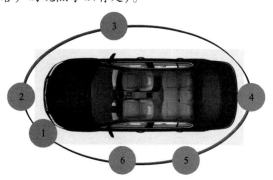

图 7-8 六方位介绍流程图

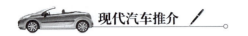

品大类的基本情况;讲解展示的车辆;突出主要设计风格;描述照明和转向灯光系统特征。

（2）发动机舱介绍:演示打开发动机罩的便利性;简介发动机舱及其严谨的布局,解释搭载不同型号发动机的车型之间的区别;突出技术创新,并说明发动机低油耗和高性能的原因;遇到非常详细的专业问题时,咨询更资深的销售顾问或相关人员。

（3）乘客侧介绍:突出主要设计元素,包括车轮、轮毂;说明隐藏的安全装置,例如侧面碰撞保护、制动、底盘和悬架;解释主动和被动安全概念、相应装备及其功能;结合车辆关键部位解剖模型作介绍。

（4）后部介绍:突出主要设计元素;展示后行李舱开启及取放物品的便利性;突出后行李舱容积和空间布局的灵活度;展示后排座椅折叠后,增加后部空间使用灵活性和便利性。

（5）后排座椅介绍:展示进入后排座椅的便利性;突出宽敞的腿部和头部空间;演示如何使用扶手和杯托;解释头枕调节和座椅安全带的功能。

（6）前排座椅介绍:演示进入前排座椅的便利性;演示座椅、转向盘及后视镜的调节以达到理想舒适的驾驶位置;演示与驾驶相关的功能和装备、特征;演示相关娱乐系统的功能。

2. 话术技巧案例

（1）FFB话术案例(介绍智能泊车辅助系统)。

F（配置）:"您也知道汽车科技日新月异,所有科技都是为了以驾驶人的安全便利为出发而设计,您现在看的这款车,搭载了价格不菲的豪华车才配备的自动泊车系统。"

F（功能）:"您只要按下这个按键,就可以让您的爱车通过车辆的前后方雷达传感器,感测车辆与障碍物的距离,而帮您侦测恰当的停车位(比车长多出140cm)。如果您觉得车位的地点合适,只要将变速杆推入R挡,系统就会自动帮您停好车。"

B（利益）:"我相信您的停车技术绝对没问题,您刚才也提到常常在市区行驶,有时候因为车位大小问题而犹豫是否能够容纳您的座驾,因而耽误了宝贵的时间,现在您就可以通过自动泊车系统来帮您完成,方便精准又节省您的时间。您是否觉得自动泊车系统对您来说非常实用呢?"

（2）CPR话术案例(客户对产品提出质疑:"我觉得这款车的轮胎有点小了……")。

C（说明）:"张先生,能请您跟我具体说明一下吗?您是觉得轮胎的直径小,还是宽度小呢?"(客户说:"我觉得这轮胎的胎宽只有205mm,有点小了……")

P（复述）:"张先生,如果我的理解没有错误的话,您是指这款车搭配了205mm宽的轮胎,感觉胎宽有点小,是吗?"

R（解决）:"您希望车胎再宽一些,可能是希望车辆在行驶过程中能够更平稳一些,我可以理解您的感受。刚才我介绍时可能不够深入。车辆行驶的稳定性除了轮胎之外,还有更多的考虑因素,例如底盘、悬架、电控单元等,像这款车,整体设计上综合考虑了上述因素,并经过无数次的实车测试,兼顾起步提速、节油、胎噪等。当然如果您有个性的需求,要求更好的抓地性、操控性,我也可以提供您在不影响行车安全的条件下,做选择性的更换,您认为如何?"

（3）ACE话术案例(客户竞品比较后说:"我觉得××车型座椅比较舒适,还是真皮的呢。你们的又不是真皮……")

A（认可）:×女士/先生,我感觉您对座椅的要求非常专业,我每天接待很多客户,能够谈到如此细致的问题，真是不多见，您真是一位非常细心的人。特别是这辆车都是您自己开，您还考虑到后排座椅的舒适性，一定是在为您家人设想，您真是体贴、周到。您说××（竞品车型）的座椅比较软，比较舒适，的确是这样，有很多客户也曾经提过这个问题。特别是××（竞品车型）刚乘坐时会感觉像坐在自己家里沙发一样的舒服。

C（比较）：相信×女士/先生您也了解，坐在汽车里毕竟跟家里不同，因为车内移动空间有限，况且又有可能长时间乘坐，一定要考虑到脊椎、腰椎的良好支撑性。您看这款车的座椅经过精心调适，符合人体工程学，能够让您和您的家人长时间乘坐也不会腰酸，况且整体包覆性非常好，更可以保证您家人的安全。

E（提升）：您观察得很仔细，这款车采用的是豪华真皮与Alcantara面料相拼座椅，它在与体表接触时，透气性更佳，体感更舒适，这也就是为何一些价格不菲的超豪华车之所以采用这种面料的原因，而我们座椅的织物面料跟超豪华车一样，都是来自意大利的Alcantara，是否更能够衬托您尊贵的身份？

（五）试乘试驾

1. 试乘试驾前

（1）文件准备和试乘试驾前的解释说明：查验客户的驾驶证照并复印归档，向客户解释相关文件，签署《试乘试驾协议书》，图7-9所示为上海大众斯柯达特许经销商试乘试驾协议书。

试乘试驾协议书

编号：

经销商(店)名称	
试乘试驾车辆型号	
试乘试驾车牌	
试乘试驾路线	
试乘试驾时间	

本人于_____年____月____日在_____(地点)自愿参加上海大众斯柯达汽车特许经销商(公司名称见以上表格)举行的汽车试驾活动，为此作如下陈述与说明：

本人在试驾过程中，将严格遵守国家及地方有关行车驾驶的一切法律和法规要求，并只在试乘试驾路线图规定的试驾范围内行驶，并服从上述特许经销商提出的一切指示，做到安全文明驾驶，以尽最大努力和善意保护试驾车辆的安全和完好。否则，对试驾过程中造成的对自身和/或他人的人身伤亡，对上述特许经销商和/或上海大众和/或他人财产的一切损失，**本人将承担全部责任。**

试驾人签名：

身份证号码：
驾驶证号码：
驾驶证有效期：
联系地址：
联系电话：
日期：

图7-9 上海大众斯柯达特许经销商试乘试驾协议书

在试乘试驾前,销售顾问应用1~2min向客户简单介绍:试乘试驾流程(先试乘、换手、试驾等)、线路图、所需时间、应注意的安全事项,并鼓励客户尽情体验车辆,如有任何问题都可以向销售顾问随时提出。

(2)试乘试驾人员的准备:在试乘试驾过程中,销售顾问都要全程陪同客户。试乘试驾人员必须具备有效的驾驶执照和熟练的驾驶技巧,并应非常熟悉试乘试驾路线。

(3)试乘试驾线路的准备:根据经销商周围环境,至少准备两条试乘试驾线路供客户选择:常规路线和深度路线。

常规路线:重点推荐普通客户,对于车辆的专业知识了解不多的客户,如第一次购车的客户和女性;线路设计侧重舒适性和安全性,引导客户平稳驾驶为主。

深度线路:重点推荐专业客户,具备一定车辆专业知识,对车辆性能较为在意的。

试乘试驾线路既要考虑到客户的需求,同时能够展现车辆性能。试乘试驾线路一般在5~8km;车辆、行人较少的直线路段,展示车辆加速性;转弯半径适度的弯道,展示转向精准的操控性、侧倾较小的舒适性;在可行的情况下选择坡道较平缓和路面适度颠簸的路线,体现车辆可通过性和舒适性。

试乘试驾线路图和试乘试驾车资料应放入试乘试驾车中。

2. 试乘试驾中

(1)销售顾问示范驾驶:客户上车前,试乘试驾专员应确保车内温度适宜,必要时提前开启空调。还应保证车内有足够的燃油(至少有半箱油)。试乘试驾车停放在试乘试驾专用车位,且车头朝外。销售顾问询问客户是否需要瓶装饮料。如客户需要,向客户提供瓶装饮料。

注:瓶装饮料须在店内荫凉处保存,不得存放在店外或试乘试驾车内。

客户试乘时,销售顾问坐驾驶位,客户坐副驾驶位,其他家人、朋友或随行人员坐后排,注意控制单次试乘人数,若试乘人数较多可以建议客户分两批进行,以免影响车辆动力性能。如有儿童,尽量以委婉方式劝客户不要让儿童参与试乘。如果客户坚持让儿童试乘,销售顾问亲自陪同或安排客户随行人员陪同儿童一起坐在后排;儿童必须坐在安全座椅上,并系上儿童座椅安全带,试驾结束后还可以送一些小礼品。

在客户试乘过程中,销售顾问应适时与客户深入沟通,了解客户生活方式和相应的用车场合/用车习惯,并根据客户的兴趣调整试乘试驾侧重点。同时,结合具体试车路段及相应测试项目,引导客户体验舒适性、安全性、动力性和操控性。另外,还可结合客户喜好,适时向客户展示车内所使用的原装附件。

(2)换手:按试乘试驾线路图设计,在预定位置换手。销售顾问将车辆靠路边停稳,将车辆熄火,拔出钥匙,下车后为客户打开车门,然后在副驾驶座入座。待客户进入驾驶座后,将钥匙交给客户,再发动汽车。换手后,协助或提醒客户调节座椅和后视镜等配备,确认客户乘坐舒适并系好安全带,再次提醒客户安全驾驶事项。

(3)客户试驾:根据客户的需求和兴趣,调整客户试驾侧重点,体验舒适性、安全性、动力性和操控性。语句尽量简短,尽量不影响到客户开车的情绪,不分散注意力,运用FFB、CPR、ACE等技巧介绍产品,处理客户的异议。试驾过程中,遇到行人、车辆较多的路段、路口、红绿灯、障碍物等情况提醒客户减速或停车。如果客户之前试乘试驾过其他车型,鼓励客户进行比较,并进行差异化体验,在不攻击竞品的前提下,突出本产品的卖点。在试驾过程中,销售顾问应全程陪同。

3. 试乘试驾后

（1）试乘试驾结束回到展厅：试驾结束后，邀请客户回到展厅。说明试乘试驾之后的流程。引领客户进入洽谈区，再次询问客户是否需要饮品，并提供相应服务。帮助客户回顾试乘试驾过程并交流感受，可以围绕客户的关注点、车辆的优点和不足回答客户的问题，对于客户提出的真实缺点，认可客户的感受，用适当的话术并引导客户转移话题到产品优势方面。总结客户感受，填好《客户购车咨询报告》。

（2）尝试成交：再次与客户确认准备用车的时间和付款方式。根据客户的计划用车时间、付款方式和经销商产品库存等信息，帮助客户推算大概的购车时间。向客户介绍尽快购车能够为客户带来的利益（如可以尽快提车、可以参加经销商的促销活动等）。如果客户表示感兴趣，引导客户进入交易洽谈环节。如果客户表示没有兴趣，向客户致谢，并送别客户。

（六）成交交车

1. 交易成交

（1）确认客户所购车型：销售顾问介绍各款车辆发动机排量和配置等级的差异，并参考客户需求重点推荐。介绍使用色板、皮饰样板等辅助材料，借助车型配置器，帮助客户的选择车身和内饰的颜色组合。告知客户最受欢迎的颜色组合，以及颜色对残值的影响。

（2）确认客户是否有增值业务/衍生服务需求：如果客户置换需要，进入置换商谈阶段，包括：置换报价商谈、车辆收购、易手车财务结算及易手车手续办理。根据客户性别、年龄、职业、用车习惯等客观因素，以及客户在新车产品介绍、试乘试驾过程中对原装附件产品的兴趣度，向客户推荐介绍相关附件，并询问是否有兴趣至附件展示区做进一步的了解和挑选。如果客户表示需要贷款，向客户提供两家以上的贷款机构供客户选择，向客户详细介绍贷款的流程。

（3）填写报价单并加以解释：根据客户的需求为客户填写《报价单》（表7-5）。向客户报价，详细解释价格。如果客户认可报价，开始签约流程。如果客户对报价有异议或不打算立即签约，销售顾问可进一步解释价格政策，让客户了解所获得的价值。如果客户仍有异议或不打算立即签约，销售顾问表示理解，给予客户考虑时间。客户表示要离开时，销售顾问感谢客户的到访。询问客户常用的联系方式和联系时间，告知客户会与之联系，根据客户的需求寻找恰当的理由与客户保持联络，邀请客户再次进店。客户至展厅门外，再次感谢客户，目送客户离开。

报　价　单　　　　　　　　　　　　　　表7-5

车辆信息	车辆型号（车型大类发动机、变速器、配置）				
	颜色				
分类	细项	单价	数量	小计	备注
车价及税费	车价				
	车辆购置税				
	保险费				
	上牌				
	装潢				
	其他				

续上表

车辆信息	车辆型号（车型大类发动机、变速器、配置）				
	颜色				
分类	细项	单价	数量	小计	备注
衍生服务	揭去油漆保护膜				
	去除座椅保护套				
	打蜡				
	加至　　　L燃油（至少1/4油箱）				
	车辆购置税缴纳				
	上牌办理				
	临时移动证办理				
	其他				
易手车置换	旧车评估价（用于抵扣相应新车款）				
	置换相关费用				
	其他				
消费信贷	首付比例（车价　　　　%）				
	其他				
	贷款金额				
	贷款期数				
	利率				
	月供还款				
	利息				
原装附件	附件1				
	附件2				
	附件3				
	附件4				
	附件5				
	附件6				
	附件7				
车险	交强险				
	车辆损失险				
	车辆盗抢险				
	第三者责任险				
	不计免赔				
	车上人员险				
	玻璃险				
	车身划痕险				
	其他				
合计	（报价仅供参考，具体以实际金额为准）				
销售顾问			联系方式		
经销商			地址		

（4）解释价格、有效谈判：向客户解释价格政策，让客户了解所获得的价值。必要时，请销售经理和销售总监参加最后的谈判，让客户有被重视的感觉。

（5）提出成交要求，提供购车合同：请客户确认报价内容。采用统一格式的《产品销售合同》，根据客户所购车型，制作合同。根据客户选择的衍生服务，填写《报价单》。衍生服务合同应采用独立的文件，按照合作方的正规示范格式。对于置换购车的客户，应做好二手车相关文件的交接工作，对二手车相关责任进行明确，并就后续服务进行约定。对合同条款和其他文件条款进行详细说明，对重点条款应重复说明，让客户有充分的时间考虑合同条款的内容。

（6）合同签署及预约交车时间：签约完成后，对客户表示感谢，预约交车时间和地点，并简要介绍交车的流程和交车区。

2．交车服务

（1）客户接待和引导：销售顾问接到门卫通知客户已经到达后，应立即走出展厅迎接客户；如果无法立即接待，应先通知展厅接待员邀请客户在洽谈区休息，并尽快前来接待。销售顾问感谢客户的到来，向客户介绍交车流程，询问客户的时间安排，根据客户的时间安排调整交车的内容，告知客户交车可能持续的时间。

（2）签署文件：询问客户是否采用之前商定的支付方式付款，如果客户选择消费贷款，检查首付、月供的数额和首付款的最后付款日期。如客户需要衍生服务或增值业务，利用《报价单》说明各项目和明细费用。确认客户需求后，将费用并入购车费用。解释、签收相关文件，回答客户问题。将签好的文件装入专用《交车文件袋》。

（3）付款：销售顾问引领客户至收银台付款，向客户介绍出纳员。出纳员微笑，问候客户，收银，然后将发票装进专用信封，站起并双手将发票递给客户，向客户致谢，恭喜客户。

（4）发放三包凭证：销售顾问取出先前填好的"三包凭证"，向客户解释"三包"主要内容和注意事项，与客户逐项核实无误后，由销售顾问在"三包凭证"上签字并加盖合同专用章后复印，把"三包凭证"原件交给客户，并再次确认客户了解"三包"主要内容和注意事项，并嘱咐客户妥善保管购车发票、"三包凭证"等相关文档。将《交车检查表》（表7-6）上所列的文件交给客户，与客户一起核对《交车检查表》，核对无误并解释以确保客户知晓各项内容。然后请客户签署《交车检查表》。向客户表示感谢，并整理"三包凭证"复印件、《交车检查表》、《产品销售合同》（经销商联）等文件，待送别客户后将"三包凭证"复印件发给销售主管。

交 车 检 查 表 表7-6

车型		车架号			发动机号		
检查类别		是否正常			是否正常		备注
		是	否		是	否	
车辆	车身油漆			刮水器及风窗清洗装置			
	车锁/中央集控门锁/遥控门锁（按配置检查）			空调			
	发动机运转（冷却液/制动液/机油等）			座椅及调节装置			
	制动、离合、转向盘转向			点烟器、烟灰缸			
	全车玻璃/摇窗机/天窗（按配置检查）			轮胎及胎压			
	后视镜/外后视镜调节			收音机/CD播放器/DVD/导航系统/多功能转向盘（按配置检查）			
	全车灯光/喇叭			其他_____			

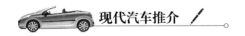

续上表

车型			车架号			发动机号			
检查类别			是否正常				是否正常		备注
			是	否			是	否	
通用附件	随车配置		是否齐全		随车文件		是否齐全		
			是	否			是	否	
	工具包				合格证				
	备胎				使用维护说明书				
	轮毂盖或螺栓饰盖				首保卡				
	钥匙/备用钥匙				三包凭证				
	车轮扳手				其他_____				
	千斤顶								
	警告牌								
	可拆卸牵引钩环(按配置检查)				选装包相关附件				
	拉钩(用于拆卸车轮盖板或螺栓饰盖,按配置检查)				存有电子地图等软件的SD卡(用于原厂车载多媒体导航,按配置检查)				
	其他_____				其他_____				
交车文件袋内资料	产品销售合同				保单合同(如客户委托购买)				
	购车发票				临时移动证(如客户委托办理)				
	合格证(向未上牌车辆车主交付)				车辆购置税完税证明(如客户委托办理)				
	三包凭证(仅为家用汽车车主开具)				机动车登记证书(如客户委托办理)				
	其他_____				行驶证(如客户委托办理上牌)				
					年检/交强险/环保标志(如客户委托办理相应手续)				
					原装附件发票(如客户购买)				
					其他_____				
服务承诺	服务项目		是否满意		服务项目		是否满意		
			是	否			是	否	
	在承诺时间内交车				销售顾问全程陪同				
	介绍交车流程				关爱专员开展"关爱8分钟"讲解				
	解释所有文件				介绍上牌、保险信息				
	解释三包政策				向客户确认回访的合适时间和方式				
	解释维护及售后服务内容				车辆是否清洗干净				
	介绍"车友汇"并邀请入会				车辆是否注入1/4油箱燃油				
	介绍售后联系人				履行其他服务承诺_____				
客户意见									
特别提醒:客户检查车辆、选装包、附件、文件都齐全、完备、可用,且所有文件经销售顾问解释已知晓内容后签字									
销售顾问签字:					客户签字:				
日期:					日期:				

(5)新车展示(图7-10):利用《交车检查表》陪同客户做绕车检查,重点针对车辆外观和客户的购买需求,再次强调车型的配置、功能和好处,让客户确信作出了正确的选择。

图7-10 新车展示

将钥匙交付客户,为客户展示新车。与客户一同坐进车内(客户在驾驶位),展示《使用维护说明书》,结合客户的需求,告知客户如何快速查阅信息,并简单介绍基本使用功能。

最后,由展厅经理、销售顾问、客服代表陪同客户、新车一起拍照留念,并把合影的电子档发送给客户。

(七)售后跟踪

汽车产品售后服务工作始于交车后,贯穿于客户用车、养车、修车、处理旧车的全过程。在汽车销售流程中占有相当重要的地位。如果不能提供或忽视售后服务,就无法使客户满意,更无法培养忠诚客户。销售人员可通过售后服务体现对客户的关怀,解决客户所面临的问题,化解客户抱怨,从而建立于客户互信的合作关系,为寻找新的潜在客户,培养忠诚客户奠定良好的基础。

1. 24h 内回访

在交车 24h 内,销售顾问要电话询问客户对购车服务是否满意并确认车况是否良好。如果出现问题,先了解情况,然后向客户致歉,并迅速提出解决方案。询问客户有无疑问,告知客户可随时联系销售顾问。

注:

话术案例:

"×女士/先生,下午好!我是您的销售顾问李平。我想了解一下您对新车是否满意,在使用上有什么问题吗?"

"再次感谢您对×××(该品牌)的信任。如果您愿意的话,我们店有活动的时候,我会及时邀请您。"

回访完后在《成交客户回访情况记录表》(表7-7)中更新回访信息。

成交客户回访情况记录表　　　　　　　　　　　　　　　　　　　表7-7

新车交车 24h 内回访			
日期		回访人	
回访反馈	产品		
	服务		
	其他		

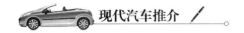

续上表

新车交车 3 日内回访			
日期		回访人	
回访反馈	产品		
	服务		
	其他		
新车交车 3 个月内回访			
日期		回访人	
回访反馈	产品		
	服务		
	其他		
预计首保			
预计首保日期			

2.3 日内回访

销售顾问向客户表示感谢,并询问使用情况。如果客户有抱怨,向客户致歉并按照抱怨处理流程解决客户抱怨。进行满意度调查,征询客户对服务质量的意见和建议。

注:

话术案例:

"×女士/先生,下午好!我是××经销商的客户关系管理专员小周,打电话想了解一下您对新车是否满意?……为了提高我们的服务质量,不知是否能够占用您一点时间,请您为我们的销售服务做一个满意度跟踪回访。好的,谢谢您!……我已经认真记下您的建议和意见,会反映给相关部门,非常感谢。祝您用车愉快!"

回访完后在《成交客户回访情况记录表》中更新回访信息。

3.3 个月内回访首保预约

销售顾问向客户表示感谢,并询问使用情况。如果客户有抱怨/投诉,向客户致歉并按照抱怨/投诉处理流程解决。询问客户目前行驶里程,进行首保预约。回访完后在《成交客户回访情况记录表》中更新回访信息。将《客户信息卡》归档。

首次维护时,销售顾问和服务经理必须在场问候和关怀客户。

4. 定期客户关怀

客户关爱专员和销售顾问应以恰当的理由,非常自然地保持与客户的定期联系,每季度或定期通过短信或邮件向客户发送经销商活动邀请、通报优惠服务、询问客户车辆的使用情况、提醒客户回店维修,帮助客户预约等。

销售顾问在客户生日、重大节日、每年的交车纪念日,向客户寄送生日卡片、发送短信或贺卡祝福。

二、汽车推介会

(一)新车上市推介会

1. 新车上市推介会概述

新车上市是一项耗时、耗力、耗财的系统工程,要保障新车上市成功,厂家往往在前期需要投入大量的资源,并要举行全国性、区域性的推介会或发布会。

无论是对厂家还是经销商,新车上市都是具有多层面意义的。总体而言,厂家为了迎合市场及客户的需求,在同业竞争中胜出,必须要不断推陈出新,而区域经销店也可以利用新产品来刺激市场。在竞争激烈的市场中,假如厂商无新品上市,那么其品牌竞争力将会被质疑,会逐渐被市场遗忘及淘汰。

2. 新车上市推介会主要内容和流程

(1)活动背景:主要介绍厂家的基本信息、愿景展望,品牌的历史、价值、发展等内容。

(2)活动主题:如果是厂家组织的全国性的推介会,活动主题应为厂家统一制订的主题。如丰田皇冠新车推介会的主题为"意随心动、王者风范",宝马新3系新车推介会的主题为"尊享礼遇·卓'悦'天成"。如果是区域经销商组织的推介会,活动主题可以根据当地、经销商的具体情况及厂家的主题进行确定。如某区域经销商为宝马新3系上市组织的推介会的主题为"忠于纯粹,运动本质"。

(3)活动目的:新车上市推介会一般是为了展示新车的性能和核心价值,从而提升新产品的影响力和认知度,并通过新老产品对比或竞品对比阐明新产品的新特征或优势。

(4)活动重点:新车上市推介会一般要从4个层面去策划和布置:客户层面、媒体层面、企业层面和行业层面。

(5)活动方案:新车上市推介会要根据活动背景、主题、目的、重点等内容制定周密详细的活动方案,主要内容包括:开幕仪式、亮车仪式、新车介绍、互动活动等。

(6)活动流程:指活动当天按照时间顺序排成的活动流程清单。

(7)效果评估:活动介绍后,主办方应从客户(消费者)、媒体、企业、行业四个方面总结、评估本次推介会的效果。

3. 新车上市推介会案例

下面以某区域经销商组织的宝马新3系新车推介会为例进行介绍。

×××经销商宝马新3系新车上市推介会方案

一、活动背景

BMW3系是运动轿车和驾驶乐趣的代名词,全新上市的第六代BMW3系完美继承了代代相传的运动基因,融合了BMW最新的设计语言和尖端汽车科技,是当今世界上最时尚和最先进的高档运动轿车。

全新BMW3系全面提升了产品内涵,全新的外观设计结合了BMW经典的短前悬、长轴距和长发动机罩等特征,呈现出无比的动感和优雅。在车头和中控台设计上的三维立体效果是引领潮流的未来设计语言。全新BMW3系首次引入运动、豪华和风尚三种风格的设计套装,使不同车型整体上风格迥异,引导了时尚和个性化的潮流。

在本地区由×××经销商举行的宝马新3系新车上市推介会,面向全市媒体和客户群体传递产品亮点及价格信息,广泛传播宝马新3系上市信息,提升知名度。

二、活动主题

尊享礼遇·卓"悦"天成——暨宝马新3系新车推介会。

三、活动目的

(1)鉴于本地市场与目标消费者追求运动、时尚、高品位的特性,满足消费者的心理需求。

(2)通过新产品的个性外形和独特功能,提高宝马品牌的知名度,促进销售力。

(3)通过活动拉近消费者与车的距离,提高×××经销商的品牌形象。

四、活动重点

(1)针对客户:追求运动、时尚、品位的消费需求,体验生活真谛,突出个性品位。

(2)针对媒介:要求了解消费者的心理需求,传输宝马新3系的理念和产品独特功能,促进消费者的购买行为,创造品牌氛围和产品价值。

(3)针对企业:了解消费心理,看清市场需求,树立信心,力创佳绩,提升品牌形象。

(4)针对行业:不可低估,拭目以待,认清品牌定位和产品的功能价值。

五、活动方案

(一)前期准备

1. 项目资料发放

本次活动为每一位嘉宾送上一份来自宝马经销商的精美礼品,如图7-11所示。在活动开始前将礼品袋放置在嘉宾座椅上,礼品袋中包含项目宣传手册。

2. 鲜花装饰

在餐桌上摆放绿意盎然的鲜花,如图7-12所示,能够给嘉宾带来一份美好的享受。

图7-11 精美礼品

图7-12 鲜花装饰

3. 精美椅背花

嘉宾椅背用鲜花妆点椅背,如图7-13所示,彰显高贵品质。

4. 精致冷餐

现场设置冷餐区,如图7-14所示,多款精致冷餐供嘉宾选择。

图7-13 精美椅背花　　　　　　　图7-14 精致冷餐

(二)迎宾及签到

1. 优雅礼仪迎宾

迎宾员身穿纯白礼服微笑迎宾(图7-15),在嘉宾到来的时候送上最美的祝福。

2. 嘉宾签到

定制简洁签到本让嘉宾签到(图7-16),展现宝马简单大气的格调。

a)简洁签到本

b)嘉宾签到

图7-15 迎宾员　　　　　　　　图7-16 嘉宾签到

注:备选签到形式——时尚魅影合影签到(图7-17)。

图7-17 时尚魅影合影签到

来宾签到采取时尚魅影装扮者与来宾共同合影的形式,嘉宾合影后可将照片拿回家留作纪念。此种签到形式新颖独特,极好地诠释宝马品牌时尚、动感、国际化的项目品质。

3. 宝马新3系宣传片暖场

开场前,先播放宝马新3系宣传片进行暖场,让嘉宾初步了解宝马新3系的特性。

(三)新车揭幕仪式

1. 绿激光秀开场(图7-18)

黑场冷烟冷雾营造氛围后,绿激光秀开场,配合宝马LOGO,将现场打造的美轮美奂。

图7-18 绿激光秀开场

2. 运动绽现(图7-19)

开场激光秀结束后,全场黑场。追光打到新车暂停区,门帘缓缓打开,宝马新3系轿车缓缓开出,沿跑道缓缓驶近舞台区,在舞台前停住,全程追光。营造动感、时尚的现场氛围。表演结束后,新车退回到舞台旁边,避免在舞台前遮挡嘉宾视线。

图7-19 运动绽现

3. 炫动旗舞(图7-20)

几名身穿白色表演服,手持红色大旗的演员进行震撼时尚的旗舞表演,随后演员到舞台下围绕新车进行旗舞表演,将嘉宾的视线引至新车方向。现场灯光配合

图 7-20 炫动旗舞

（四）互动活动

1. 第一篇章：欢享·"悦"动

（1）由总经理对各位嘉宾致欢迎辞。

（2）进行运动款维多利亚的秘密秀（图 7-21）和优雅舒展的艺术体操表演（图 7-22），与宝马新 3 系运动风格不谋而合，全面展现宝马活力"悦"动的一面。

图 7-21　运动款维多利亚的秘密秀　　图 7-22　优雅舒展的艺术体操表演

（3）宝马上的愤怒小鸟互动：邀请嘉宾上台参与宝马版"愤怒的小鸟"游戏。以往车里投小鸟公仔的游戏形式作为客户与车互动，表现宝马新 3 系轿车的超大空间概念以及时尚潮流，活跃会场气氛，体现轻松、时尚主题，如图 7-23 所示。

图 7-23　宝马上的愤怒小鸟互动

游戏规则：给邀请的嘉宾每人发一个号码，然后 4 人一组，每人发 5 个小鸟公仔，打开宝马新 3 系轿车的四个窗，然后每个人站在离窗的 2m 外，以 15s 为限，按号记分，由投小鸟公仔的多少获取奖项,投中一个小鸟公仔计一分。如能将车内的猪打倒,则额外获得5个积分。最后评出前三名,赠送精美礼品。

2. 第二篇章:尊享·愉"悦"

(1)销售顾问讲解新车特性,使嘉宾更详细地了解宝马新3系的优势与特性。

(2)进行华丽款维多利亚的秘密秀(图7-24)和小提琴表演(图7-25)。优雅的服饰,动听的旋律,这样的画面无一不在诠释着豪华梦想的唯美优雅,寓意宝马必将超越时空,实现梦想。

图7-24 华丽款维多利亚的秘密秀

图7-25 小提琴表演

(3)宝马拼图互动:邀请多个嘉宾参与宝马拼图游戏,如图7-26所示。

图7-26 宝马拼图互动

现场准备宝马新老3系车拼图照片,将各个部分拆分后混合在一起,在规定的时间内,参与者成功将宝马新3系的车型拼出者获胜,此游戏能够使嘉宾在轻松的氛围中了解新3系的特征,进行新老对比。获胜者有精美礼品赠送。

3. 第三篇章:耀享·卓"悦"

(1)销售经理公布官方报价,LED同步显示报价。

(2)进行时尚款维多利亚的秘密秀(图7-27)和性感现代舞表演(图7-28)。时尚的服饰、性感热辣的舞蹈、完美的组合诠释宝马新 3 系卓"悦"风尚。随着舞蹈结束后,宝马新 3 系新车推介会也落下帷幕。

图 7-27　时尚款维多利亚的秘密秀　　　　　　图 7-28　性感现代舞表演

（五）活动闭幕

活动闭幕后可以邀请嘉宾到车里亲身感受宝马新 3 系内饰、空间、主要功能等。

六、活动流程

活动流程见表 7-8。

宝马新 3 系新车推介会流程表　　　　　　　　　　　表 7-8

流　程	时　间	内　容
前期准备	18:00~18:30	嘉宾签到
	18:30~18:40	宝马新 3 系宣传片暖场
新车揭幕	18:40~18:42	黑场,释放冷烟冷雾营造新车揭幕氛围
	18:42~18:44	绿激光秀开场
	18:44~18:46	新车上跑道,停至舞台前,全场追光
	18:46~18:52	炫动旗舞
第一篇章 欢享・"悦"动	18:52~18:55	主持人登场,简单介绍活动内容
	18:55~19:00	总经理致欢迎辞
	19:00~19:05	欢享・"悦"动(运动款维多利亚秘密秀+艺术体操)
	19:05~19:15	互动:宝马上的愤怒小鸟
第二篇章 尊享・愉"悦"	19:15~19:35	销售顾问讲解新车特性
	19:35~19:40	尊享・愉"悦"(华丽款维多利亚秘密秀+小提琴)
	19:40~19:50	互动:宝马拼图
第三篇章 耀享・卓"悦"	19:50~19:52	销售经理公布官方报价
	19:52~19:57	耀享・卓"悦"(时尚款维多利亚秘密秀+性感现代舞)
	19:57~20:00	活动闭幕

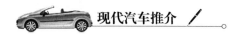

七、效果评价

通过宝马新3系新车发布会,将会给宝马汽车销售带来质的飞跃。市场对宝马汽车有了明确的认识和印象!这势必会成为社会和媒体关注的焦点,对树立宝马汽车品牌形象和传播品牌形象起到巨大的作用。宝马汽车卓"悦"天成,势必会影响和吸引大批的宝马汽车潜在客户群的向往和加入,从而有效地带动旗下各种品牌的销量,缔造又一个销售奇迹!

(二)汽车试乘试驾推介会

1.汽车试乘试驾推介会概述

汽车试乘试驾是汽车销售的一个重要流程,也可以组织专门的试乘试驾推介会,或者在新车上市推介会中包含试乘试驾环节。

(1)试乘试驾推介会的意义:通过试乘试驾,让参与的潜在客户或媒体对汽车的特点、卖点留下深刻的印象,并广获报道,以促进销售。

(2)试乘试驾地点的选择:根据车型的不同特点,可以选择城市道路、高速路、山路、专业试车场地等,通过丰富的路况条件,及专业试车场的存在,为客户或媒体试车提供了全面的硬件条件,发挥汽车的最佳特性。如果条件有限,也可以在经销店自己的试乘试驾场地进行。

(3)试乘试驾主要内容:活动主题、活动目的、活动来宾的产生、活动时间地点、活动内容等。

2.汽车试乘试驾推介会案例

××汽车试乘试驾推介会方案

一、活动主题

分享驾乘的乐趣——××汽车试乘试驾趣味体验营。

二、活动目的

(1)迅速掀起××品牌的宣传热潮,提高市场认知度。

(2)提高××购车俱乐部的知名度,向客户传递4S店和厂家最新信息,打消有意向客户的等待观望态度,缩短销售周期。

(3)提高销量促进现场销售,提高××汽车4S店在本地区的知名度和客户积累。

(4)放松心情,甩掉压力,享受驾乘的乐趣。

三、活动人员邀请及报名参与

(1)针对此次驾乘活动,暂定人数为40人。

(2)新老顾客。由4S店从以往购车的新老会员中选取10人,发放邀请函或电话联系。

(3)意向顾客。

①从以往来4S店看车或有购车意向的顾客中选取15人。

②××购车俱乐部报名或电话报名的顾客选择5人,报名顾客需提供姓名、联系电话及驾驶证号码,以便于组织方汇总整理,及协调安排。

(4)现场报名观众。抽取10名幸运观众进行试乘试驾(注:人数安排及其比例可根据具体落实情况加以调整)。

四、活动时间和地点

1. 活动时间

×××年×月×日9:00~16:00。

2. 布展时间

×××年×月×日。

3. 活动地点

(1)××××××。

(2)×××××××。

五、活动内容

(1)新车试乘试驾:每款车型各一辆,为广大客户提供全面的产品展示及现场体验式营销服务,零距离的感受××品牌各款车的各种性能,亲自感受××汽车带来的驾乘舒适感。

(2)车辆参数展示及相关配置性能讲座:为广大客户提供全方面的车系参数展示和车辆配置性能讲解服务。

(3)汽车团购活动:调动意向顾客参与××汽车的团购活动,以价格优势加速意向顾客购车意向。

(4)试驾抽奖活动:为答谢试驾者对××汽车的支持和促进日后的销售服务。

六、活动流程安排

1. 8:30~9:00　来宾签到,工作人员审核来宾试驾人员驾照、稽核、发放相关资料,对车辆和实到试驾人员进行分组,工作人员最后对车辆状况进行检查,并与试驾人员签署安全协议(定5人为一组配合完成试驾项目)。

2. 9:00~9:30　集体坐豪华大巴到达目的地,进行试驾活动。

3. 9:30~9:50　致辞,主持人讲话,召集所有试驾人员参与试驾讲座。

4. 9:50~11:30　上午试乘试驾活动时间。

5. 11:30~12:00　午饭时间,一人一份快餐,再准备一些热水。

6. 12:00~15:00　下午试乘试驾时间。

7. 15:00~17:00　汽车团购砍价活动和抽奖环节。

8. 17:00~17:30　所有人员乘坐大巴返回4S店。

七、前期准备

(1)试驾车×辆。

(2)音响等相关舞台设备1套:用于试驾讲座舞台布置。

(3)试乘试驾相关车辆参数和报名登记资料:用于活动的资料支持。

(4)奖品和相关纪念品:用于活动的推广和××车系形象宣传。

(5)主持人一名、条幅2个、空飘2个、拱门1个、豪华大巴1辆。

八、前期宣传

(1)报纸(××晚报、××晨报)、网站(××汽车网、×××汽车网、××网)、本地电台、平面海报以及短信平台发布试乘试驾活动相关信息。

(2)参加试乘试驾车型(××品牌××车型)组成车队绕市区以及各大小区进行宣传。

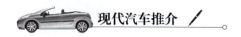 现代汽车推介

 单元小结

(1)汽车推介包括售前准备、展厅接待、需求分析、展车介绍、试乘试驾、成交交车和售后跟踪七个环节。售前准备包括汽车营销人员的准备、展厅及展车的准备。展厅接待包括客户进店接待和展厅接待。需求分析可以通过FFB技巧进行。展车介绍主要是采用六方位绕车介绍法。试乘试驾包括试乘试驾前、试乘试驾中、试乘试驾后三个内容。成交交车包括交易成交和交车服务。售后跟踪包括24h内回访、3日内回访、3个月内回访及定期客户关怀。我们可以把每一个环节看成是一颗珍珠,完整的汽车推介流程,就是把这些珍珠一颗颗地串联起来。

(2)新车上市时汽车生产制造厂家和汽车经销店都会组织各自层面的新车上市推介会和汽车试乘试驾推介会,以提升汽车品牌知名度、促进销售。

技能训练

1.技能训练准备

(1)典型轿车、货车、客车、越野车及其使用手册或维修手册。
(2)能上网的计算机(平板计算机)或手机。
(3)销售必备的工具,包括名片、公司简介、产品宣传单页、计算器、笔和纸等。
(4)各种工作单。
(5)汽车营销实训室或汽车商务实训室。

2.技能训练步骤、要求

(1)4人配合分别扮演客户、展厅接待员、汽车营销人员、展厅经理。
(2)汽车营销人员对照"仪容仪表自检表 表7-1"进行自检并完成该表。
(3)展厅经理对照"展车形象检查表 表7-3"检查展车并完成该表。
(4)客户进店,展厅接待员接待;汽车营销人员进行展厅客户接待,并寒暄。
(5)汽车营销人员对客户进行需求分析,并完成"客户购车咨询报告表7-4"。
(6)汽车营销人员运用FFB等典型话术为客户进行六方位绕车介绍。

思考与练习

(一)填空题

1.汽车经销店一般要为来访的客户准备(　　　)种饮料。
2.汽车营销人员佩戴耳麦时,耳麦机身应别在腰(　　　)侧,耳麦线束统一固定在工作服(　　　)侧。
3.试乘试驾时,第一次购车的客户和女性应选择(　　　)线路。
4.六方位绕车介绍包括左前部、发动机舱、(　　　)、后部、后排座椅、前排座椅六个部位的介绍。
5.售后跟踪包括24h回访、(　　　)回访、3个月回访等。
6.新车上市推介会一般是为了展示新车的性能和(　　　),从而提升新产品的影响力和认知度。

(二)判断题

1. 汽车营销人员西装第一粒纽扣需要扣住,最下方的扣子不扣。（   ）
2. 汽车营销人员与客户握手时要用右手。（   ）
3. 主导型客户的特点是个性直率、开朗,行为方面不拘小节。（   ）
4. 六方位绕车介绍最早是由丰田雷克萨斯品牌采用并完善到今天。（   ）
5. 在试乘试驾过程中,销售顾问都要全程陪同客户。（   ）
6. 交车最后,一般要由展厅经理、销售顾问、客服代表陪同客户、新车一起拍照留念。
（   ）

(三)简答题

1. 请简述汽车营销人员销售态度的准备包括哪些方面。
2. 请简述六方位绕车介绍的主要内容和要点。

参 考 文 献

[1] 刘亚杰.汽车销售实务[M].北京:清华大学出版社,2012.
[2] 宋润生.汽车营销基础与实务[M].广州:华南理工大学出版社,2006.
[3] 雷明森.汽车销售[M].北京:中国劳动保障出版社,2008.
[4] 唐诗升.现代汽车推介[M].北京:人民交通出版社,2004.
[5] 郑超文.汽车营销[M].北京:人民交通出版社,2013.
[6] 李桂花.汽车营销与服务[M].北京:中国劳动保障出版社,2008.